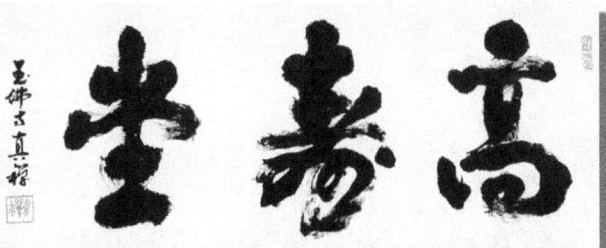

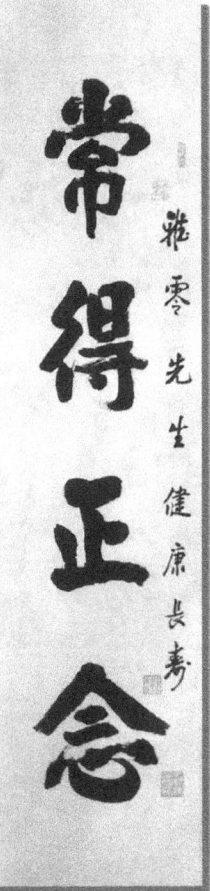

這是上海名剎玉佛寺方丈真禪老和尚親筆題贈給本書作者雅零的墨寶；真禪法師佛學造詣深厚，精通玄學風水，曾任全國佛教協會副會長、上海佛教協會會長、上海佛學院創辦人兼院長，著有《玉佛丈室集》十冊，是中國佛教界重量級得道高僧。

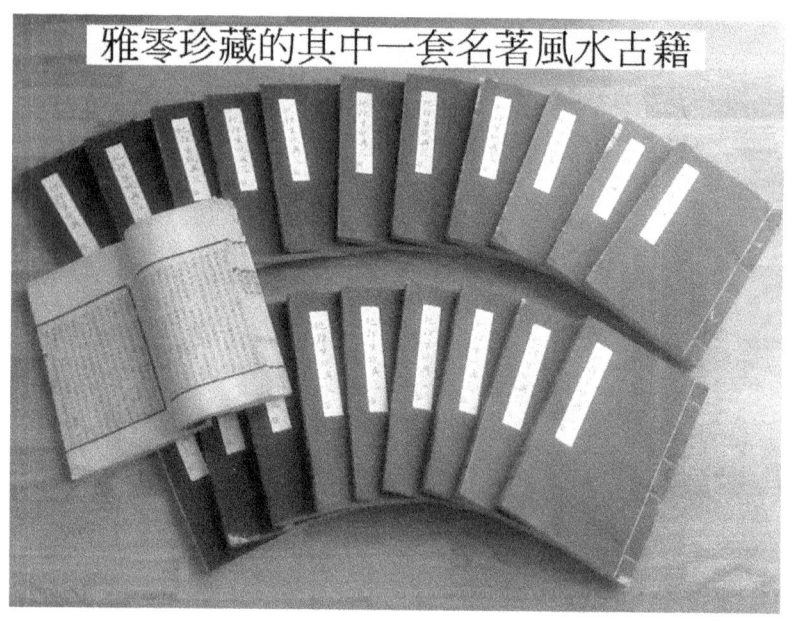
雅零珍藏的其中一套名著風水古籍

風水妙趣

＊掌相命理起名兼容並蓄

Wondrous Feng-Shui

雅零 (Eric Yuen) 著

《風水妙趣》

這本中文紙本書乃專門為付費讀者製作。
請尊重作者權益，
切勿任意修改、刪節、複製、轉寄或轉售其內容，
以免觸犯著作權法。

《風水妙趣》(Wondrous Feng-shui)
作者：雅零 (Eric Yuen)
（第二版）

2018 年由電書朝代 (eBook Dynasty) 製作發行
IngramSpark 印刷出版，推廣銷售
電書朝代為澳洲 Solid Software Pty Ltd 經營擁有
網站：http://www.ebookdynasty.net
電子郵件：contact@ebookdynasty.net
版權所有，翻印必究

《風水妙趣》

《風水妙趣》總目錄

序言：昔日創意今猶在（周錦興）　　　　　12

第一章　家宅趣吉　　　　　　　　　　14
  1. 中宮安床重振雄風　　　　　　　　16
  2. 睡床錯置挫折房事　　　　　　　　18
  3. 從射過街到滴濕鞋　　　　　　　　20
  4. 古籍妙方可助添丁　　　　　　　　22
  5. 喬遷新居吉利習俗　　　　　　　　24
  6. 新居入伙安枕無憂　　　　　　　　26
  7. 長保青春永留嬌美　　　　　　　　28
  8. 門檻放尺納吉留財　　　　　　　　30
  9. 古訣推算貴人方位　　　　　　　　32
 10. 雞窗・扒灰・書房　　　　　　　　34
 11. 床尾鏡猶如攝魂鏡　　　　　　　　36
 12. 床上犯忌可致殺身　　　　　　　　38
 13. 臥室作花園陰氣重　　　　　　　　40
 14. 床頭向西並非歸西　　　　　　　　42
 15. 灶與陽宅內局禁忌　　　　　　　　44
 16. 擺設魚缸須防滅頂　　　　　　　　46

《風水妙趣》

第二章　內局避凶　　　　　　　　　　48

1. 假鳳虛凰磨鏡對食　　　　　50
2. 孤雁獨飛無相伴？　　　　　52
3. 夾角桃花最易招凶　　　　　54
4. 陽宅建築明確指引　　　　　56
5. 黃帝宅經相宅典範　　　　　58
6. 一個爐灶一個妻？　　　　　60
7. 樂韻聲中廁飄飯香　　　　　62
8. 文昌效應產生奇跡　　　　　64
9. 針口半設門壽而康　　　　　66
10. 凶宅為何不宜安居　　　　　68
11. 反弓泳池損丁耗財　　　　　70
12. 大門定位有三大忌　　　　　72
13. 拱門・鬼門・鬼線　　　　　74
14. 開門見梯破面退財　　　　　76
15. 吉凶取決氣色納氣　　　　　78
16. 暢銷揮春財色兼收　　　　　80

第三章　外煞滋擾　　　　　　　　　　82

1. 殺人不見血的聲煞　　　　　84
2. 宅前桑樹變望門喪　　　　　86
3. 選址避免風生水起　　　　　88

4. 狹隙效應損耗健康	90
5. 「頂心杉」擾亂安寧	92
6. 乾坤缺角易犯小人	94
7. 前不栽桑後不種柳	96
8. 客土疏惡奪魄無氣	98
9. 上佳寶地可變大凶	100
10. 環境變遷夫妻失和	102
11. 南端極地神奇造化	104
12. 宗師險招殺身之禍	106
13. 宅地掘出油膩土龍	108
14. 典籍談風少論水多	110
15. 風水之法得水為上	112
第四章 乾坤有情	**114**
1. 陰陽元石天下奇觀	116
2. 無敵海景群體共識	118
3. 環抱宅地玉帶有情	120
4. 如何選擇理想宅地	122
5. 地靈人傑屢創奇跡	124
6. 錢袋・二奶・雙親	126
7. 山明水秀多桃花地	128
8. 一栽一移改變風水	130

9. 風水高僧復興古寺	132
10. 靈石鎮宅與石敢當	134
11. 苦心護林大義罰親	136
12. 謀財害命竟獲德報	138
13. 六尺巷與凶宅怪事	140
14. 設置圓門兼具吉凶	142
15. 苗人崇楓視為神樹	144

第五章　神妙法器　　　　　　**146**

1. 葫蘆招財化煞旺宅	148
2. 吞吃邪靈吸納財富	150
3. 實水・虛水・象汲水	152
4. 渴求子嗣供奉麒麟	154
5. 天池水可化解三煞	156
6. 文財神與武財神	158
7. 安忍水化流年病星	160
8. 如何催旺流年財星	162
9. 催旺姻緣與招鬼魂	164
10. 龍龜迎福辟邪保安	166
11. 水晶靈氣加強能量	168
12. 五色豆催旺貴人運	170
13. 四人幫與人生三絕	172

14. 正針・縫針・中針	174

第六章　古今傳奇　　　　　　　　　　**176**

1. 清代兩個風水奇局	178
2. 五鬼運財極速暴發	180
3. 適逢其會積福延年	182
4. 氣場非凡盛產富豪	184
5. 福人福地天意安排	186
6. 王氣寶穴造就奇蹟	188
7. 首富中計誤入圈套	190
8. 異夢怨偶坦訴心曲	192
9. 官司奏出奇特插曲	194
10. 家族墓園仿如皇陵	196
11. 「無文苦翁」變巨富	198
12. 居玉杯宅人仰馬翻	200
13. 興旺廿年不足為奇	202
14. 工匠洩憤蓄意作惡	204
15. 家居奇事夜傳怪聲	206

第七章　中外典故　　　　　　　　　　**208**

1. 外文風水著作湧現	210
2. 風水實踐無所不在	212

3. 日本民間盛行風水	214
4. 神秘地帶車禍特多	216
5. 雙果王拆解五指掌	218
6. 不懂風水難獲聘用	220
7. 調動睡床痛楚驟失	222
8. 前後相通人財皆空	224
9. 巨富大宅門庭冷落	226
10. 好風水難敵強輻射	228
11. 天生長相關繫禍福	230
12. 女性貞淫一望即知	232
13. 烏天黑地兆頭不吉	234
14. 貧富壽夭吉凶順逆	236
15. 亥時出生未必運滯	238
16. 稟賦特殊天生異相	240

第八章　玄術品味　　　　　　　242

1. 起錯名字遺患深遠	244
2. 嫁娶吉日選擇須知	246
3. 白無女喪拼事業線	248
4. 你是個好男人嗎？	250
5. 六個特徵易發橫財	252
6. 相旺命好風水佳	254

7. 好色多淫縱慾無度	256
8. 牆外桃花霧水情緣	258
9. 鴛鴦離異頭號殺手	260
10. 為下一代預選八字	262
11. 古人如何研習風水	264
12. 江中陸上貧富殊異	266
13. 全程行運下站升職	268
14. 歷代建築風水留痕	270

附錄：

1. 名字伴終身起取須謹慎	272
2. 風水宜忌 100 式	274

《風水妙趣》

昔日創意今猶在（序言）

加拿大蒙特利爾《華僑時報》社長　周錦興

雅零兄新著《風水妙趣》付梓出版，繼印刷版之後，陸續推出繁體字和簡體字網上版，由世界著名的 Amazon 集團專責全球推廣發行。對於風水具有濃厚興趣的各地讀者，尤其是本報一些曾經長期閱讀雅零文章的讀者，確是樂聞的喜訊。

屈指一算，認識雅零兄已經超過四分之一個世紀。那時候，他還在香港一家報紙任職編輯，我每次赴港公幹，都趁便到該報編輯部找他閒聊，得悉他當時已在一家雜誌定期發表他鑽研風水典籍的心得。

其後他舉家移民來加，接受我邀請出任本報總編輯。老讀者至今或許依稀記得，1992 年下半年新總編到任後，立即啟動多項變革，本報版面和內容面貌煥然一新。其中三項可算北美中文報紙前所未見的創舉。

當時率先推出的《乾坤殿》版，集風水、命理、掌相、易卦、姓名學於一爐。新總編還親自上陣，執寫專欄。《乾坤殿》和繼後推出讓讀者以短文形式就時事和社區問題發聲的《讀者心聲》，都令讀者耳目一新。《讀者心聲》強調「意見自由表述，反調兼納並容」，反應極佳，最初僅開半版，後來投函激增，高峯期增

《風水妙趣》

至四版。至於每年一度頒佈《文英榜》，提倡寫作風氣，則是創意綻放的另一番景象了。

雅零兄在本報任事十年之後，移居多倫多，從此穿梭加港兩地；近年撰寫的風水文章，有部分仍交由本報發表。今次在網上發行的《風水妙趣》，構思仍然不失作者昔日的新穎創意：

書中不少內容發掘自珍貴的殘存古籍，例如透過佈局改善性功能障礙；善用擺位添男丁；同性戀者安床的宜忌吉凶；長保青春永留嬌美的秘訣等等，引經據典，註明出處，並非信口奢談。此外，全書一百二十餘篇的文末，都附加了一則兼備趣味性和知識性的《妙趣餘韻》短小掌故，大有錦上添花之妙。其構思創意非坊間一般同類書籍可比。雅零兄的新舊讀者，從這部新著中必定獲益良多。

《風水妙趣》

第一章　家宅趨吉

1. 中宮安床重振雄風
2. 睡床錯置挫折房事
3. 從射過街到滴濕鞋
4. 古籍妙方可助添丁
5. 喬遷新居吉利習俗
6. 新居入伙安枕無憂
7. 長保青春永留嬌美
8. 門檻放尺納吉留財
9. 古訣推算貴人方位
10. 雞窗・扒灰・書房
11. 床尾鏡猶如攝魂鏡
12. 床上犯忌可致殺身
13. 臥室作花圃陰氣重
14. 床頭向西並非歸西
15. 灶與陽宅內局禁忌
16. 擺設魚缸須防滅頂

《風水妙趣》

1

中宮方位安床可加強夫妻恩愛,
甚至有妙不可言的神奇效應。

《風水妙趣》

1. 中宮安床重振雄風

宅中央在風水學上稱為「中宮」、「穴眼」，歷代的風水家對此異常重視，認為該處是全宅氣場能量的源頭，是凝聚旺氣和生氣的核心所在。《尚書‧洪範》甚至譽中宮為陰陽相交的「皇極」，居中鎮守，牽制四面八方，啟動全宅氣場。

皇極位猶如人的心臟，足以影響宅中人的身體康寧。歷來的風水家對於中宮的風水佈局，都傾向三宜三忌的說法：宜臥宜立宜廳堂；忌灶忌廁忌階梯。中宮區域雖然最適宜用作主睡房，加強夫妻恩愛，甚至有妙不可言的奇效，可助若干自感「不濟」的男士重振雄風，但是由於能量過強，對於長者尤其是男性耆老，未必完全沒有副作用。這情形有如虛不受補。

唐代名醫孫思邈所著的《千金要方》在論述「房內補益」的章節，提到貞觀初年的一宗醫案……

有位古稀老人登門求助，聲稱體內陽氣充盈，每晚都有強烈慾念，意欲行房交媾，即使大白天也想着雲雨之歡，思緒揮之不去。垂老之年仍有如此烈念，不知是福是禍。

孫思邈的答覆是：此乃不吉之兆！他以油燈舉例，燈火將要熄滅時，必定逐漸暗淡，然後霎時明亮，隨即油盡燈枯，歸於黑暗。年紀大了，仍像年輕人一樣春情盪漾，事不尋常。

老人慾念突增，出現性亢奮，醫學上認為有多個原因。從風

《風水妙趣》

水的角度而言,如果睡床恰好安放在宅中央的中宮、穴眼,長期吸納宅中精氣,以致晚年陽氣充盈,也會出現性亢奮,不妨移床或調換房間。

調理陰虛火旺,從而達致延年益壽,其實也就是精通醫學、養生和房中術的孫思邈所說的養生問題。他養生有道,享壽102歲(另有專家考證,他活到141歲),是歷史上罕見的壽星之一,決非浪得虛名。

房中術

孫思邈精通的房中術,歷史上有多達六十多種異名別稱:素女道、陰道、房內、御女術、補導術、彭祖術、雙修法、容成之術、黃赤之道、養性交接術、雲雨雙修術。

彭祖術又稱彭祖經,傳說《彭祖經》是彭祖親著,論述房中男女交合的技巧,廣受後人歡迎。據《神仙傳》說,後世有一個名叫黃山君的人,因長期按照《彭祖經》提供的方式,修練彭祖之術,活到數百歲,猶有少年一樣的顏容。

在種類繁多的房中術著作之中,有一種名叫《玄素術》,傳說是神人玄女和素女授予黃帝御用。古代的房中術專著《玄女經》和《素女經》,現已失傳。

《風水妙趣》

2. 睡床錯置挫折房事

某將軍馳騁疆場，戎馬一生，中年尚未娶妻。聖上過意不去，將小公主許配給他。洞房花燭之夜，將軍卸甲，將新娘子騎在胯下，正欲拔槍開戰，未料公主雙股之間連放三個響屁；將軍戰意頓挫，霎時疲軟不舉。公主正當性起，怨憤責難：「挺槍上馬為何不戰？」將軍連忙托辭：「後方峽谷炮響，定有伏兵，豈敢妄動！」

上述笑話道出的狀況，是否可歸入現代人所說的「性功能障礙」，在此故且不論。在歷代風水家眼中，夫婦床笫間的性生活是否暢順無礙，關鍵在於臥室和睡床的佈局。

性生活古稱房事或房幃之事，又叫行房、入房，視作隱曲。精通醫學、養生和房中術的唐代名醫孫思邈認為，水乳交融、全無障礙的魚水之歡，固然可補益身心，增加夫婦的天倫樂，還可祛病養生、延年益壽。

欲想房事暢順無障，琴瑟和諧，理想的臥室佈局須善用風水氣場，恪守三宜三忌：一、睡床宜安放在宅內中宮宅眼位，長期吸納宅中精氣；二、床頭宜依夫婦吉向靠牆，避免孤空置中產生幻覺；三、房門宜開青龍吉方，強化臥室吉氣。三忌是：睡床忌對天窗；房門忌兩扇並排；忌泛水桃花為患。（夫婦枕頭與位於亥、子方位的臥室附廁廁門形成橫向的直線，古稱泛水桃花。在

命理上則另有所指,此處不贅。)

從養生角度而言,即使暢順無礙,房事也不宜過多過濫。倘若毫無節制,難免元氣耗散,髓腦枯竭,腎虛疾發,最終導致眾病蜂起。

孫思邈在論述「房內補益」的章節說:風雨雷電或大寒大暑之日,又或天昏地暗、日月走蝕的時刻,都不宜交合。寺廟廚廁之內,祖墓神像之旁,亦須避免媾歡。「房中事,可養生益體,亦可耗損折壽。」

泛水桃花格

貪狼星在亥,子水宮坐命,在命理學上稱為「泛水桃花格」,主風債深厚,桃花是非較多。若男命如此,即屬風流浪蕩,喜好酒色,到處留情;倘屬女命,可斷作水性楊花,淫媚多嫉,桃花氾濫。無論男女,具此命格者,容易陷於桃花劫,招致身敗名裂,均非「上佳好命」。

紫微斗數視「貪狼桃花居亥子會忌煞」為凶,列入「十大惡格」。

《風水妙趣》

3. 從射過街到滴濕鞋

　　途經中環，巧遇以前報社體育版記者。當年健碩的「波牛」變成舉止遲緩的「病漢」，前後判若兩人，五十餘歲居然病態畢呈。眼前人連聲慨歎未老先衰，身體「萬般皆下垂，唯有血壓高」；「坐着打瞌睡，躺下睡不着」。

　　我忍不住問他，平時小便有沒有七、八十歲老伯常說的「舊時射過街，今日滴濕鞋」現象？他會心點頭，笑言自遷入新居後這三年，百病叢生，逐漸四化——「腦袋退化，器官老化，手腳僵化」，正在「等待火化」。

　　出於好奇，我問他「府上廚房的爐灶是不是位於宅中央？」他稍加思索，點頭稱是。爐灶所在的方位處於宅中央，古人稱之為「爐火焚心」，對宅中人健康的損害頗大。

　　古時的風水家稱宅中央為「中宮」、「穴眼」，認為該處是氣場能量的源頭，是凝聚旺氣和生氣的核心所在，猶如心臟之於人的康寧，不僅影響宅中人的身體健康，還關乎一宅的盛衰。《尚書·洪範》更譽之為陰陽相交的「皇極」，居中鎮守，牽制八方，由此啟動全宅氣場。

　　在中宮的風水佈局上，歷來有三宜三忌的說法：宜臥宜立宜廳堂；忌灶忌廁忌階梯。由此觀之，住宅的中央區域最適宜用作主睡房或坐立的廳堂，至於安置爐灶、樓梯或屬於出穢之地的廁

所,則屬大忌。無論爐火焚心或廁穢攻心,對於宅運人運都是有弊無利。舊同事百病叢生未必完全源於爐灶壓穴眼,為求安心,該及早移爐遷灶。

倘若中宮安灶,而灶頭又是背宅反向,再加上男主人命屬牆外風流桃花的金釵花或遍野花等十多種不正桃花的其中之一,在外面拈花惹草甚至包二奶而導致家變的成數也很高。

宅心穴眼的位置通常是以房屋四角的兩條對角線的交叉點定位,不規則形或曲尺形房屋的中心點,則另有定位方法,篇幅所限,此處不贅。

《尚書‧洪範》

上文提到的《尚書‧洪範》,是中國古代思想中的一部重要著作。《尚書》顧名思義,即「上古之書」,記錄從堯、舜開始,到夏、商、周三代的資料。其中有些篇章的真偽受到質疑,但是大體而言,仍可展示古人(尤其是統治階層)的基本觀念與實際作為。至於《洪範》,則為《尚書》其中一篇歷史文獻。

「洪」有「大」意,「範」則為「法」。「洪範」即指「管治大法」。

《風水妙趣》

4. 古籍妙方可助添丁

由來已久的傳統觀念「不孝有三，無後為大」，對後世人的影響特別深刻。重視家添男丁的思想，因而深植民間，根深蒂固。

現代不少夫婦，結婚多年膝下猶虛。他們盼望早生貴子原是人之常情。有些夫婦不惜耗費巨額金錢，遠赴海外尋求妙手名醫協助，更有一些夫婦聽信鄉間「神醫」之言，每天服用昂貴中藥，調理身體。

多年前，在加拿大亞伯特省認識的一對華裔夫婦，雙管齊下，除了先後三次南下美國接受人工受孕手術，又採用中藥「特效秘方」調理。可惜多番努力付諸流水，徒勞無功。夫婦二人最後決定專程飛往越南，收養一名年僅兩歲的男童。手續繁瑣不在話下，漫長的等候和牽掛，都使他們深感難受，心力交瘁。

翻閱古代風水典籍，有關「添丁」佈局的論說多如牛毛，尤其是一些牽涉住宅睡床擺放而又卓見成效的「催子局」，特別受人青睞。

手頭上有一部明末清初成書的線裝古籍《宅舍秘笈》，提到了「催子局」。佈局操作不算複雜：先根據書中驗方計算夫婦二人生辰八字的本命凶方，用羅盤定位，再在該方位立線安廁佈陣，廁門朝向宅內生氣吉方，改變氣場。

清代學者王肯堂也曾在筆記中證實此方靈驗：「……出穢之

所壓凶方鎮凶神，可生貴子發大福，百事吉祥，甚驗……」

風水古籍《宅議》也有這類佈局的記載：「房內值年方、命方，主不孕。」所謂「年方」就是太歲方，「命方」即本命方。

太歲方所指的是該年的流年太歲方位，例如每逢猴年，太歲方在西南偏西240度左右，隨年流轉，每年不同。至於本命方，是以主人命格定位，例如生肖屬兔者，本命方在東方90度，位置固定不變。

太歲方

上文提到「年方」太歲方，太歲又稱歲陰，是中國古代占星學中虛擬的一顆星，該星與歲星（木星）相對，並相反運行。由於先民對太歲降禍的畏懼，當太歲運行到某個生肖的位置，屬該生肖及其相對生肖者，唯恐觸怒太歲於己不利，便於當年祭拜太歲神，祈福消災。

木星繞太陽公轉是逆時鐘方向的公轉，古人借用木星每年所臨的方位的反位（順時鐘位），稱為太歲方，太歲方的對面稱為歲破方，歲破方比太歲方更凶險。太歲可坐不可向，更不可動土。

《風水妙趣》

5. 喬遷新居吉利習俗

喬遷新居，世俗一向講究搬遷日子的吉凶。除了擇選吉日吉時，清代還盛行一種稱為「合灶」的習俗。舊宅的來路方位如果不利於新居，為了避免因沖剋而於將來招致災厄，一家人會先遷入親友家居暫住，與親友合用同一爐灶，住滿七七四十九天的過渡期，然後才正式入住自己的新居。

這種習俗不僅滋擾親友，對自己也造成極大不便，已經逐漸遭時代淘汰。

清人筆記《海角指蒙》提到另外兩個入居新宅的習俗很有趣，時至今日，江南地區仍有不少人家奉行不替。

其一：新居入伙當天的吉時，在廳堂正中用一瓦器燒水，瓦器旁邊放置一塊肥肉，待水燒至沸騰，戶主即搖扇煽動水氣，使之瀰漫全宅。此舉寓意「家肥屋潤，財氣滿堂」，祈求一家人從此風生水起。

以現代建築物而言，大廳中心未必方便插電生火，而且搬遷時一片忙亂，一家之主何來餘閒時間待在一旁搖扇。隨着社會進步，顯而易見，這儀式現今已經由廳堂移至廚房，燒水的瓦器變成了水滾時可發出熱鬧鳴聲的自鳴煲，戶主的手中扇也由電風扇取而代之。

其二：入伙當晚，闔家不論長幼，依照平時習慣就寢，熄燈

後在床上躺臥片刻，然後起床，隨意走動、進食或喝水，各適其適。隨後再登床正式睡覺。此習俗稱為「龍馬精神人口平安」，期盼遷入新宅之後，一家大小生龍活虎，每晚躺下仍可健壯復起。

宅舍宜明忌暗，入伙第一個晚上，在再次登床正式睡覺時，廳堂燈火不妨保持通明狀態，直至第二天早上才關上。

祭祀灶神

喬遷新居當日，民間盛行祭祀灶神。灶神又稱灶君，早在夏朝就已經成了民間尊崇的一位大神。先秦時期，祭灶位列「五祀」之一（五祀為祀灶、祀門、祀行、祀戶、祀土神）。祭灶時要設立神主，用豐盛的酒食作為祭品。《淮南子》說，黃帝、炎帝「死作灶神」，職司人間善惡。

中國道教興盛之後，曾借《經說》之論，將灶神說成是一位女性老母。「管人住宅。十二時辰，善知人間之事。每月朔旦，記人造諸善惡及其功德，錄其輕重，夜半奏上天曹，定其簿書」。後來又發展成了既有灶君爺爺，又有灶君奶奶的說法。

《風水妙趣》

6. 新居入伙安枕無憂

友人在港島貝沙灣購置的新宅即將入伙，收到的賀禮中有一對茶香撲鼻的龍井茶葉枕，為此特別來電垂詢新居的主房是否適宜採用該兩個枕頭。

明末清初開始，江南很多地方盛行「新宅安新枕」的「安枕無憂」習俗——入伙當天吉時，家主在宅中各人的床上安放新枕，內置用紅紙書寫的「榮華富貴」、「四季平安」、「七星拱照」等等吉利句語，藉「安枕」寄望一生安樂「無憂」。尚屬嫁杏無期的成年女眷，家主則在其枕底加放一條紅色長繩，期盼月老眷顧，提早串繫紅繩，撮合良緣。時至今日，這些動作已經成為風水操作的一部分。

新宅入伙當日安放新枕的「安枕無憂」習俗，與上篇介紹過的另外兩個新宅入伙俗例「家肥屋潤財氣滿堂」和「龍馬精神人口平安」，有異曲同工之妙。

「安枕無憂」習俗當初的源起，現已無從稽考。有人推測可能取其「無憂」之意，寓意入住新居之後，從此安枕無憂。也有人猜測或許與唐代傳奇小說《枕中記》的「一枕黃梁」句有關。

開元年間，有個名叫盧生的讀書人，在旅店遇見懂得神仙術的道士呂翁。兩人共席暢談，盧生歎息懷才不遇，命途坎坷。呂翁隨即從布囊中取出一個枕頭給他淺睡，盧生很快睡着，夢見自

己當上朝廷大官,娶妻生子,享盡榮華富貴。一覺醒來,店主的黃粱米飯尚未煮熟。這種令人稱心如意的枕頭,在現實生活中當然不會存在。

古籍提到的警枕、藥枕、冷暖枕和六通枕等風水枕頭,同樣令人歎為觀止。東漢文學家蔡邕和宋代很多文人都曾在文章中記述過警枕的醒覺妙用。藥枕中的磁石枕,據謂具明目的奇效,可使人晚上在微弱燈光下也能看清書上細小的文字。

古代中原地區,喬遷入伙前還盛行一種激發旺氣的習俗:將新接手的舊宅屋頂部份瓦片拆去,讓太陽曝曬數天,清除宅內霉氣、陰氣、穢氣,使之重獲旺盛生氣,激發生機。

火燃旺地

新居入伙或裝修前,江南頗多地方仍流行拜四角習俗,祈求家宅安寧,家運興隆,以拜四角而達到旺五方(包括宅中心)的目的。傳統習俗使用的祭祀用品是香燭、元寶、衣紙、豆腐、芽菜、生菜、大桔(柑橘橙類)各五份,分別擺放宅內四角和宅中心,然後由宅中左角開始,逆時針方向逐角拜祭,最後拜祭宅中心。

拜四角時的燃燭和化寶,有「火燃旺地」的寓意。火屬陽,可以增強宅內陽氣。按照道教的說法,火能驅除陰氣穢氣。

《風水妙趣》

7. 長保青春永留嬌美

粉白黛綠、美目盼兮的紅粉佳人；仙姿玉質、巧笑倩兮的出水芙蓉；又或是色艷桃李、嬌紅欲滴的國色天香，天生尤物自有其足以動人心弦的魅力。

女性的美態，無論是臨風欲飛，「楚腰纖細掌中輕」；或是濃艷豐肌，如海棠之含朝露；又或俏麗若三春之桃，清素如九秋之菊，據說皆可療飢。因此古人有「秀色可餐」的說詞。

屈原弟子宋玉，曾作賦詠美，其中的「眉如翠羽，肌如白雪，腰如束素，齒如含貝，嫣然一笑，惑陽城」，成了千古名句。

天生的麗質和嫵媚的青春，能否憑藉風水佈局的效應予以延續呢？

宋代成書的《地理玄機奧笈》，書中第六卷詳載了能令女性保持青春嬌顏的紅粉方位的勘測方法，頗具趣味性。

該古籍的作者，當年就是使用這方法（根據女性四柱八字的年干和時支，推算床向吉方）替富貴人家的仕女擇位安床，令她們感受「紅粉方」靈氣的效應，從而長保青春，永留嬌美。清人陸寅也曾在筆記中提到這方法。

「美」的標準因人而異，而且也隨時代演進而更替。西漢成帝寵幸的趙飛燕體態輕盈；唐玄宗御悅的楊玉環豐腴穠艷，各有千秋；東漢時代公認的「醜女」孟氏，竟然得到當時名士梁鴻的

《風水妙趣》

青睞，舉案齊眉，白頭偕老，以致千古傳誦。雖然如此，但「青春」的標準則一，永恆不變。

現代西方不少學者，例如德國著名科學家波曼 (E.Borschman) 都認為，中國的風水學依據的是地磁效應；睡眠方位善用地磁，的確能夠使人抗衡衰老，減少歲月留痕。對於欲想青春常駐的女性，「紅粉方」無疑十分受用。

秀色可餐

上文提到的成語「秀色可餐」，通常用來形容國色天香的美女，指其容貌美艷可人，可以當飯吃。此語出自晉代陸機《日出東南隅行》的「鮮膚一何潤；秀色若可餐」。

美國男人幾乎一致公認，俄羅斯是全球美女最多的地方，因而廣泛流行一句描述天堂生活的戲言：「領美國工資，娶俄羅斯老婆，住英國大宅，嚐中國美食。」

俄羅斯之所以盛產美女，可能是風水上所說的獨特環境和地理水質使然，也可能是多民族長期融合所致。在橫跨歐亞兩大洲的遼闊俄羅斯大地上，生活著近二百個民族。這些民族以不同的血緣，不同的基因融聚，揉合了各個種族的生態優點，造就了俄羅斯女性的天生麗質。

《風水妙趣》

8. 門檻放尺納吉留財

　　古時遺留下來的很多建築物，都有一條高及膝蓋的門檻橫貫大門口，宮廷寺廟如此，祠堂民宅亦然。出入的人每當走近大門，都得放慢速度，提腳跨越。高門檻的設置，最初出於先民對抗自然災害的防患意識：防水淹、防爬虫、防沙塵枯葉。其後風水意識日漸濃厚，高門檻才演變成界氣和擋煞的關欄。

　　人居的陽宅內外，氣場殊異，高門檻正好發揮關欄作用。大門面向道路、橋樑、階梯諸如此類的沖射，高門檻的關欄在某程度上阻擋煞氣入宅，確保家宅平安。

　　據《宅經》理論，大門口為一宅的氣口，門和門檻猶如人的口和牙齒，口齒相依。古時大富之家的巨宅，門檻都很高，似乎越高越顯榮貴。高度通常以五行的土數、四季數、年月數為依據，再配合宅主身份、宅向卦象、宅前環境等等因素而定。

　　現代房屋雖然已經棄用高門檻，但很多仍在大門處保留一條矮小橫木或橫石片。按照古代風水家的說法，門檻無論高或矮，必須慎防斷裂。斷裂的門檻主凶，漏財洩氣，預兆宅運蹇滯、困頓，須立刻更換。

　　在江南地區，民間建宅造屋時，習慣在大門口門檻之內放置一把尺，藉以納吉留財。如果兩戶相對，則在大門口門檻之內暗置一串六帝銅錢，減少吉氣財氣流入對面。現代大廈的單位，門

《風水妙趣》

口如果向着後梯，不妨加高門檻，留吉氣留財氣在宅。

宋代詩人范成大寫過「縱有千年鐵門檻，終須一個土饅頭」的詩句，譏諷當時巨宅鐵門檻的富貴人家，到頭來還是逃不過進入土饅頭（墳墓）的命運。數百年後，《紅樓夢》中賈府兩座家廟竟刻意取名「鐵檻寺」和「饅頭庵」，寓意參透出離生死，可謂相映成趣。

六帝錢

六帝銅錢，又稱「善六銅錢」，指清朝順治、康熙、雍正、乾隆、嘉慶、道光六個皇帝在位時鑄造和通行的銅錢，兼具趨吉招財以及化解宅中五黃煞和二黑病符的效應。

六為六白乾卦，性質屬金，五黃和二黑都屬土，以土生金洩氣化煞。

《風水妙趣》

9. 古訣推算貴人方位

坊間傳言，白手興家的某富豪有一天在清水灣高爾夫球場打球完畢，正欲整裝離去，一名球僮突然趨前，向他求教招貴、脫貧之道。球僮自謂生不逢時，胸懷大志而屈居微賤，眼見身邊朋友一個個活得風光，偏是自己欠缺貴人扶助，清寒依然。

富豪當時對他說：「假設有人用一袋黃金換取你一對眼睛，你願意嗎？」球僮不假思索，堅決搖頭。富豪再問：「假如又有人用兩袋黃金作代價，交換你的四肢，你答應嗎？」球僮再堅決搖頭。富豪最後說：「你身上的財富至少比三袋黃金還要貴重，怎麼還說自己清寒！」

健康確是足以大展鴻圖的豐厚資產。從這個角度衡量，球僮無疑已經擁有無價之寶，可惜富豪沒有回應「招貴」的問題。日常生活中，經常都有人像球僮一樣，認定自己懷才不遇，抱怨缺少貴人助力。

在風水上，有沒有特定的佈局可以加強個人的貴人運？歷來的風水家喜用古籍所載的六句經典口訣推算貴人方位：「甲戊庚牛羊，乙己鼠猴鄉，丙丁豬雞位，壬癸兔蛇藏，六辛逢馬虎，此是貴人方。」口訣道出了十天干及其相對應的貴人方在二十四山向中的位置。

以第一句「甲戊庚牛羊」為例，出生當天的天干若是甲、戊

或庚,貴人方就在宅舍內的牛羊方,即丑方(東北偏北30度)和未方(西南偏南210度)。

按照古籍的論述,在上述相對應的方位安床或放置五色豆貴人包,都可發揮招引命中貴人的風水效應。

女性生辰八字倘若出現兩個以上的「天乙貴人」,命理學上通常以凶論,視之為貞操觀念薄弱的「人盡可夫格」,為免弄巧反拙,這類女性就不宜再透過上述的風水佈局加強貴人運了。

天乙貴人

《淵海子平》與《三命通會》等命理典籍都有專文論述天乙貴人。

如果命局四柱之中的年干和日干都出現天乙貴人,就是命局中最大吉的大貴人。命中出現此神煞,主旺氣充盈,榮名早達,運勢暢順,終登人生高位。大小運行年至此,皆為吉兆,一切暢旺亨通。

《協紀辨方書》聲稱:此神實得陰陽配合之和,故能為吉慶,可解凶厄。

《風水妙趣》

10. 雞窗　扒灰　書房

書房在歷史上有一個非常怪異的別稱——雞窗。乍看兩字，百思不解，確實莫明所以。事見專談怪誕異事的古籍《幽明錄》。

晉代一位姓宋的刺史飼養了一隻長鳴雞，視為寵物，愛不釋手，每天必將雞籠懸掛書房窗前，陪伴吟詩讀書。久而久之，該長鳴雞竟然諳曉人語，時與主人談古論今，頗具獨特見解。後世遂以「雞窗」作為書齋的代稱。唐代詩人羅隱的詩篇中便有「雞窗夜靜開書卷」之句。

唐宋八大家之一、中國文學藝術史上罕見的全才蘇東坡，唯恐到訪的陳季常（正是家有悍妻、因畏妻而名垂千古的那個陳季常）誤會，情急之下在書房以衣袖匆匆抹掉先前用香爐灰寫於書桌上的詩句而引發流傳千秋的「扒灰」典故，則是另一番景象了。（史上另有一說：扒灰者是「詩通」兒媳的北宋名臣王安石。）

上述兩人書房的風水是否別有玄機，從而不經意中締造了「經典」，後人不得而知。無庸諱言，古時很多信奉風水的讀書人確實悉心為書房佈局，力求善用宅中文昌位，藉以助長文思，利旺科名或仕途。文昌位共計三種：以房屋坐向推算的宅舍文昌、以年運流轉定位的流年文昌、以生辰八字確立的本命文昌。

上述三種文昌位之中，效應最強的是宅舍文昌。在該方位放置書桌，讀書、思考、寫作，更易獲致思維敏捷、心靈手巧的妙

《風水妙趣》

應。

書房宜保持明亮、寧靜、優雅；忌強光照射或過於昏暗；不宜堆放太多雜物，干擾氣場。書桌宜安文昌正位，但位置應以古人教誨的「兩眼不觀窗外事，一心只讀聖賢書」為宜，因此忌面向窗戶，免致舉目即見外景，易於分心。

座位宜前向壁上賞心悅目的字畫，後靠牆壁或書櫥（風水家推許的「樂山」格局），左貼窗戶（光線從左邊青龍方投入，既屬吉象，又可避免右手執筆時產生的手影）。

《幽明錄》

專談怪誕異事的古籍《幽明錄》，是南朝成書的一部長篇小說集。這部中國小說史上的經典著作，與同時期的《搜神記》齊名。該書透過鬼怪故事的描寫，反映不同時代的社會思潮和世間現實，字裡行間帶有明顯的因果輪迴成分。

《幽明錄》原書於宋代失傳，明清兩代有好幾種輯本行世。作者劉義慶另一部著作《世說新語》，廣受後世傳誦。

《風水妙趣》

11. 床尾鏡猶如攝魂鏡

想起了一個發人深省的鏡寓言：有富翁為富不仁，心狠手辣，一天又向智者訴說自己眾叛親離。智者先讓他透過玻璃窗觀看窗外一群歡樂嬉戲的天真小孩，再讓他對鏡凝視。窗外善容與鏡中凶相形成強烈反差。智者對富翁說：「窗戶和鏡子都是玻璃做的，由於鏡後鍍上一層銀，就只能看見自己而看不到別人了。」鏡，確然能「照煞」！

在風水上，鏡有「照煞」作用，以鏡針對沖射而來的凶煞，將煞氣反射回去。古人常以鏡避邪，明代著名醫學家李時珍曾稱許古鏡如劍，「懸大鏡，可避邪魅忤惡。」

有些人家喜歡在睡房床尾對開的地方擺放一面大鏡，自己在床上稍為抬頭就看到鏡面反映的形象。如此佈置，容易引起夜睡不寧。按照古老的風水理論，床尾鏡猶如「攝魂鏡」，令人心神恍惚，損身傷體，屬於風水大忌，必須避免。

除了忌對床尾，在臥室擺鏡還須避免正對房門、寫字枱或任何吉利的方位，以免因反射作用而引發吉凶錯亂，招致厄運。如果限於實際環境，只能安放在這些地方，那就要設法化解，其中一個方法是用布幔遮掩，需要使用時才拉開。

臥室鏡子倘若錯誤安放，容易變吉為凶，足以損害健康、財運、甚至夫妻情緣。安鏡位置最宜隱蔽，房門後面或櫃門之內均

《風水妙趣》

屬較理想的位置。天花板如果安裝大鏡，反射地板雜物，亦有違天清地濁的風水原則。

歷代醫書公認，人的陽氣在夜間子時最弱，從弱勢開始逐漸增強，至日間午時最盛。由於夜間陽氣弱，因此民間傳說的「見鬼」大多發生在夜間。如果睡房安鏡不當，黑暗中更容易助長鬼魅憧憧的幻覺，從而加重心緒不安。

凸鏡、凹鏡、平面鏡

風水佈局慣常採用的鏡主要有三種：凸鏡、凹鏡和平面鏡。凸鏡可使外氣四散，用於化煞；凹鏡可收四方之氣，用於納吉；平面鏡能使外氣轉向；凸、凹鏡一般都是圓形，平面鏡則有各種不同形狀。鏡子在風水上具有能收能放的功用，放得其所可以增福，放置不當足以損財破運。

古語以「鏡中花水中月」代表虛無夢想。在《紅樓夢》第十二回，王熙鳳透過一面名為「風月寶鑑」的夢幻鏡子，令色膽包天的賈瑞大受折騰，精盡歸天。該鏡當然不是尋常風水鏡，可稱為鏡中另類。

《風水妙趣》

12. 床上犯忌可致殺身

睡眠是人生中最完整、最有成效而又最具科學養生功用的休息方法，幾乎每個人都希望自己天天酣然暢睡、不受輾轉難睡的失眠折磨。事實是，酣睡談何容易；世界上不少人都深受「目不交睫」的失眠困擾，須憑藉安眠藥的助力入睡。曾經此苦的人，談「睡虎」而色變。

英國十九世紀大文豪、名著《雙城記》等十四部長篇小說的作者狄更斯，就是典型的長期性失眠症患者。經歷多年的無眠之夜的折騰，他無意中發現一個「重大」秘密：每當睡床擺放在南北方向，失眠必定更加嚴重。因此，晚年的狄更斯經常隨身帶備指南針，每到一個新地方投宿，就拿來勘測一番。

歷代的風水家在替人佈局安床的時候，就是如此勘測：先使用羅盤採集環境方位和內局氣場的數據，再配合宅中人的命卦，推算睡床的吉向和安放位置。順向則吉，逆向則凶，居所方位或睡眠方位倘若向凶，必定無法安睡，甚至病痛連綿或罹患怪病。

美國開國元勛富蘭克林常在夜間突發高燒，群醫不明所以，束手無策。富蘭克林未必懂風水，但每次一感覺發燒便立刻換床而睡，因此他的臥室之內擺放了兩張床。

人的一生大約有三分之一的時間在床上度過，而且絕大部分人是從床上來到這個花花世界，最後又從床上離開人間。風水古

《風水妙趣》

籍論陽宅六事，以頗多筆墨述說床的吉凶，顯然並非無的放矢。

友人在專欄中談酣睡，說就寢時須緊記床上六忌，一切不必要的身外物切勿帶上床，以免造成干擾：忌手機、忌手錶、忌假牙、忌胸圍、忌濃妝未卸、忌偷他人妻。以事論事，最後一忌確實非同小可，不慎犯忌，豈止難以安睡而已，還可能招致殺身大禍。

柑橘與失眠

傳說諸葛亮當年領軍進入南方七擒孟獲時，士卒帶備陳皮、薄荷等芳香濃郁的藥材，在途經瘴氣惡水之地，用以除濕排穢，並在睡枕旁邊放置柑橘，以助安睡。後世的人常在床頭放柑橘治失眠，大概源出於此。

柑橘特有的芳香氣味，不僅使人鎮靜寧神，還可抒緩胃腸飽脹等不適症狀。時至現代，很多人的睡房都有空調設備，在「目不交睫」的失眠之夜，把柑橘置於冷暖氣機的風口，芳香味的揮發效果必定更佳。

《風水妙趣》

13. 臥室作花圃陰氣重

　　花草植物屬陰，宜置於陽光充沛的地方，使其陰陽調和，順乎自然。古代風水經典著作《宅經》早已明確指出：陰陽倘若恰當配合，猶如酷熱遇清涼，諸事興旺；陰氣過重或陽氣太盛，均屬不利。過份的陽或過份的陰，都是不吉。

　　臥室是睡眠作息的地方，不宜栽種太多屬陰的植物。睡床周圍倘若放置植物，不僅干犯風水，而且損害健康。按照五行相生相剋的原理，五行屬土的人，忌木，更加不宜在睡房或室內栽種植物。即使五行屬火，花木利己，也不宜變臥室為小花圃。

　　從科學觀點而言，植物日間呼出氧氣，吸入二氧化碳，夜間剛好相反——吸取人類所需的氧氣，呼出廢氣二氧化碳。睡房如果栽種了大量植物，無異夜間增加廢氣份量，對人的健康十分不利。

　　如果你經常失眠、夜作噩夢，或者是夜睡不寧，不容易酣睡，而睡房之內又遍栽植物的話，現在應該知道如何處理這些植物了。

　　古時的人特別忌諱宅外種植的藤蔓類植物爬入臥室，認為這是招惹狂蜂浪蝶或閒花野草入宅而引致家變的大凶之象。

　　藤蔓即使未有爬入臥室，滿佈宅外牆壁也是古人盡量避免出現的景象。藤蔓狀似羅網，滿佈外牆無異天羅地網籠罩全幢房屋，而且還嚴重阻擋陽光，導致難見天日。這景象在美加一些小鎮非

常普遍，夏天出外遊覽即可發現。

五行屬火的人如欲在臥室栽種植物，可以考慮仙人球。仙人球的氣孔白天關閉，夜間張開，吸取二氧化碳，釋放氧氣，具天賦的特異功能，因而被稱為「氧吧」。睡房適當方位放置仙人球，尤其是較為清潔的水培仙人球，等於安裝了一個淨化室內空氣的清新器。

不宜靠近人體

五行屬火的人雖然適宜在臥室栽種仙人球一類的植物，但放置的地方不應過於靠近人體或睡床。仙人球帶刺，屬於邪氣類植物，對純淨氣場有相斥效應。睡房安放仙人球的最佳地方是窗台。

在住宅的整體佈局操作上，仙人球通常擺在煞位位置，用作化煞、避是非、防小人的工具。

《風水妙趣》

14. 床頭向西並非歸西

時下仍有不少人深信，床頭向西不吉利，認為對於老人家尤其不利，向西等於「歸西」。有朋友謂，此說可能源於佛陀當年圓寂入滅（進入寂滅境界）時的狀況。翻閱佛經，事實並非如此，在風水上更無實據。

據佛經記載，佛陀將入涅槃時，風息林靜，鳥獸止鳴，百花萎謝凋零，樹皮溢出水滴。佛陀以吉祥臥的姿勢躺在娑羅雙樹之間的床上，頭向北方，右脇橫臥，面朝西方，兩足上下重疊，弟子圍繞在四周，不斷揞鼻抹淚。佛陀當時充其量只是「面朝西方」而已，並非頭向西方。

床向（即床頭的方向）以吉方為宜，倘若某人的吉方在西，床頭向西不僅不是「歸西」，反而大吉大利。

風水上的所謂吉方，是根據各人生辰八字推算出來的。如果五行屬金或屬水，吉方在西，床頭自然宜向西。因為西方屬金，而且金生水，有相生增旺之效。

五行屬木的人，床頭就不宜向西或西北方了，因為西或西北方所屬的金，對於木有極嚴重的沖剋。如果你本命屬木，就該避開這兩個方位，否則晚上很難安枕，甚至事業、健康和運程都會受到不良影響。

床的安放，除了上文提到的忌對天窗，還有以下幾點須留意：

《風水妙趣》

一、床頭不宜向著房門；二、床頭不宜安在大窗旁邊；三、床尾不宜對著神像或鏡子；四、床頭之上不宜有橫樑或吊櫃壓著；五、床頭不宜向著隔牆廚房的爐灶位。六、床頭位置不宜安設冷暖氣的出氣口。

床頭位置如果安設了冷暖氣的出氣口，必定損害人體氣場原有的平衡，破壞人體新陳代謝功能，進而導致人體免疫力下降，結果是睡在床上的人百病叢生。

西益宅

床頭向西並無不吉利，倒是風水學上的所謂「西益宅」（向西擴建的宅舍），才是古人的一種大禁忌。王充的《論衡》認為，這種宅舍易招不祥，導致人丁傷亡，「相懼以此，故世莫敢西益宅」。

此外，應劭的《風俗通義》和《禮記》也有相似的論述。

《風水妙趣》

15. 灶與陽宅內局禁忌

宋代學者黃妙應撰寫的《博山篇》，全書專論形法，尤其是水法，完全不談卦理，用字簡明，句語易懂，是研習風水者不應錯過的一部典籍。

該書既論相地，也談陽宅內局禁忌。作者強調，「風水字，要分明。得水處，便藏風。水之來，風之去。地戶閉，天門開。知其訣，登仙台。」

《博山篇》在開篇論述相地時，提供了一套實際的操作方法：「龍神上聚，登高相之；龍神下降，就下相之；穴土位中，對面相之；水來水去，側身相之；砂左砂右，徙步相之；前朝後應，前後相之。」

作者認為，尋龍認氣必須看水嘗水，從水色水味可以確定該地的吉凶優劣。他說，水色碧綠，味甘氣香，就是大貴格。水色呈白，味清氣溫，則為中貴格，倘若色淡味辛而氣烈，即屬下貴格。若是酸澀發餿，就不足採用了。「水為朱雀亦是貴局，有聲為凶，無聲為吉……」

黃妙應在書中分別一一評論陽宅的樓台、庭院、明堂、門庭、天井，聲稱不要「妄增高，恣穿鑿，傷龍神，消己福」。以供奉神位為例，歷代風水家幾乎一致認為：安神位之時，不可面向當年太歲方向，否則招災。廁所和爐灶不宜安置在宅中心的皇極位。

《風水妙趣》

　　灶關乎宅中人的平安禍福，頗受歷代風水家重視。《淮南子》說，灶是黃帝創造，黃帝死後成為灶神。早在漢代，祭灶已經列為民間五祀之一。根據傳統風水理論，灶忌背宅反向，以五行屬性推算，朝向屬木的東方或東南方，才是木火通明的相生格局。

　　依據傳統的風水術，爐灶最宜坐凶向吉，忌對大門、路口和陽台，忌安放於窗前和橫樑之下，忌與廁所或睡房為鄰。

何謂形法

　　「形法」是風水家根據山川或物形推求吉凶的一種方法，既用於外局，亦用於內局，甚至人畜、器物。形分為圓、扁、直、曲、方、凹六體，此外又有很多變體。各體均須端凝止靜，順應來勢。《漢書・藝文志》說：「形法者，大舉九州之勢以立城郭室舍形，人及六畜骨法之度數、器物之形容以求其聲氣貴賤吉凶。」

　　《漢書・藝文志》列舉的形法，包括《山海經》十三篇、《國朝》七卷、《宮宅地形》二十卷等等。

《風水妙趣》

16. 擺設魚缸須防滅頂

在半山區一幢豪宅，主人書房面向海景，維港兩岸風光盡收眼底。座位背後是一排存放書籍、文件的矮櫃，矮櫃上面設置了一個高大魚缸，飼養了三條兇猛的龍吐珠。從正面觀望，主人仿如坐在水底下辦公，應了俗語所謂「水浸眼眉」甚至「滅頂」的厄局。

現代人喜歡在家居、店舖或辦公室內養魚，藉以旺財化煞、趨吉避凶。室內養魚，在風水上有激發旺氣的效應，但魚缸盛載的水，性動無常，如果倚賴作為背後靠山，必然難求堅穩，因此不宜擺放於座位和沙發後面，以免招凶。

據專論陽宅佈局的權威古籍《宅舍秘笈》的說法，魚缸放置在旺位或生氣位，才可催旺吉氣，不宜安放在病位或煞位。至於這些方位的所在，則須利用理氣盤才可確定了。

此外，屬土和屬火的人，都忌養魚，因為魚缸盛水，水對土和火均屬不利。

在風水上，魚的數目也有嚴格規定；聚財和化煞截然不同。用於聚財的魚缸，最宜養九條。九是至尊，有無窮無盡的含義。至於化煞，通常用六條。六屬金，金生水，依據河圖理論，有六合生成之意。古代的風水家常用圓形魚缸養六條黑魚，化解尖角沖射的形煞和五黃的土煞。

《風水妙趣》

　　至於魚的種類，上面提到的龍吐珠，外形如利刀，兇猛異常，煞氣太大，若非特殊行業，一般人還是避免招惹為妙。海水魚顏色雖鮮豔，可惜難於照料；熱帶魚也很難飼養，容易「睡覺」，須經常補充，這在心理上難免產生負面感覺，影響情緒。金魚和錦鯉寓意吉利，不但魚性溫順，而且色彩繽紛，賞心悅目，何妨「金餘」、「錦上添利」。

風水靈魚龍吐珠

　　龍吐珠原名是亞洲龍魚，因其外形華麗，酷似傳說中的龍，東南亞和香港地區的華人視之為逢凶化吉、遇難呈祥、招財進寶的風水靈魚。

　　龍吐珠主要分為三大類：金龍、紅龍和青龍。其中金龍又分紅尾金龍（產於印尼）和過背金龍（產於馬來西亞）。來自印尼的紅龍則有超級紅（辣椒紅）、血紅和橙紅之分。至於青龍，由於分佈的範圍廣，每個地方的青龍都稍有不同，但分別不大。此外還有青龍和黃尾龍，但飼養的人不多。

《風水妙趣》

第二章　內局避凶

1. 假鳳虛凰磨鏡對食
2. 孤雁獨飛無相伴？
3. 夾角桃花最易招凶
4. 陽宅建築明確指引
5. 黃帝宅經相宅典範
6. 一個爐灶一個妻？
7. 樂韻聲中廁飄飯香
8. 文昌效應產生奇跡
9. 針口半設門壽而康
10. 凶宅為何不宜安居
11. 反弓泳池損丁耗財
12. 大門定位有三大忌
13. 拱門・鬼門・鬼線
14. 開門見梯破面退財
15. 吉凶取決氣色納氣
16. 暢銷揮春財色兼收

《風水妙趣》

2

古畫顯示的宮女同性戀癖好。

《風水妙趣》

1. 假鳳虛凰磨鏡對食

同性相悅、我為君狂的同性戀癖好，古已有之。從史籍記載看，早在春秋戰國，已有帝王偏好此道。古人行文談到此事，往往以「斷袖分桃」、「龍陽之癖」、「唱後庭花」等典故作代詞。

具有天生同性戀傾向的人，在掌紋和生辰八字上都有清晰的顯示，限於篇幅，此處不贅。傳統風水學認為，這些人的臥室倘若處於本局或流年局「二七同宮」的方位，本命桃花容易異向生長，產生畸形，最終的結果便是不愛異性愛同性，道是無情卻有情，「為君銷得人憔悴」，進而「願為雙鴻鵠，奮翅起高飛」。

按風水學的九宮飛星理論，本局或流年局「二七同宮」方位，二七合化火，固然易招火厄、血光，「臨雲洩利」，而且容易助長畸戀效應。一眾酷愛此道的男女同志，對於該方位都趨之若鶩，期盼百年相悅、情性永諧。然而，為人父母者倘若不欲有此傾向的子女泥足深陷，就該安排子女的睡床遠離二七宮位，避之若浼。

司馬遷作《史記》，也曾提到「婉佞貴幸，與上臥起」，忸怩作態的男人獲皇上寵幸，於是仕途精進。漢高祖的後裔，溺於男色者大不乏人；他們登基以後，隨即自立男寵，顛龍倒鳳，樂此不疲。史家班固在撰述《佞幸列傳》時，使用了「進不由道」一語，無意中給後世留下了一語雙關的幽默注腳。

古代的男性同性戀行為，史不絕書，但記錄女同性戀的文字

《風水妙趣》

則較少。女同性戀在古籍中稱為「對食」或「菜戶」,又稱「磨鏡」。

「對食」一詞最早出現於《漢書·外戚傳》對宮女同性戀淫行的描述。

白居易有一首《上陽白髮人》詩,描繪當時若干女性「一生遂向空房宿」的性寂寞和性饑渴,其情可憫。同性戀雖屬反常,倘若無礙眾生,世人何妨以平常心對之,彼此各行其是。

「磨鏡」

古籍稱女同性戀為「對食」、「磨鏡」。古代還沒有玻璃鏡,使用的是銅鏡,須常磨光才可清晰照影。女同性戀者進行性行為時,相互廝磨或撫摸對方身體尋求性滿足,由於雙方的身體結構相同,因此常在中間放置一面鏡子以助廝磨,故稱「磨鏡」。

「磨鏡」,所指的顯然是雙方相互廝磨時的行樂動作。這在古代流傳下來的春宮畫上,都有細致的描繪。

《風水妙趣》

2. 孤雁獨飛無相伴？

「倚布囊坐石階」的月下老人，以紅繩替天下間的男女繫足，撮合姻緣；雖貴賤有別，年齡懸殊，或天各一方，一經此繩串繫，即成命中註定的配偶。神話傳說美則美矣，證諸現實生活，卻有頗多男女年逾四旬仍是「孤雁獨飛無相伴」。

這些未獲上天賜予良緣的人難免心生疑惑：是月下老人無暇兼顧？還是厚此薄彼？

單以女性而言，不少標梅已過的人容貌姣好，之所以嫁杏無期，或因無緣對面不相識，或因齊大非偶而不願仰攀，或因孤芳自賞而不欲屈就，又或因「當年不肯嫁春風，無端卻被西風誤」，不一而足，是以只好獨守空閨。

對於過了婚齡仍然形單影隻的男女，善用宅中桃花地可強化姻緣桃花運，早結良緣。

傳統的風水術有一套固定的強化姻緣桃花運的方法：首先依據該人的生辰八字推算出有利的安床方向和有利顏色，在宅中桃花地安床，再在房間四壁髹上該種有利顏色，並且在桃花地正位放置一個配合該人五行的花瓶，用清水供養鮮花。明清兩代都有風水名家在著作中提到上述桃花地的理論。

古籍有一組廣泛流行的風水口訣，道出了每一個生肖的桃花地所在方位：「寅午戌，兔從卯裡出。申子辰，雞叫亂人倫。亥

卯未，鼠子當頭忌。巳酉丑，躍馬南方走。」口訣中的卯，即兔，代表東方。雞即十二地支中的酉，代表西方。鼠子代表北方。馬即午，代表南方。

顯而易見，上述口訣清晰點出：生肖屬虎、馬、狗的人，桃花地位於東方90度。生肖屬猴、鼠、龍的人，桃花地位於西方270度。生肖屬豬、兔、羊的人，桃花地位於北方360度。生肖屬蛇、雞、牛的人，桃花地位於南方180度。

月下老人

月下老人又稱「月老」，是民間傳說中專管男女婚姻的媒神。唐代成書的李復言小說《續幽怪錄》，載有月下老人為韋固締婚的故事。清人沈三白的《浮生六記》說：「月老一手挽紅絲，一手攜杖懸婚姻簿，童顏鶴髮，奔馳在非煙非霧中。」

大陸很多地方都有月老祠，杭州西湖白雲庵右側的月老閣，有一副膾炙人口的對聯，道出了「月老」的心願，也是民眾的美好心願——「願天下有情人，都成了眷屬；是前生注定事，莫錯過姻緣。」

《風水妙趣》

3. 夾角桃花最易招凶

　　風水古籍有所謂「桃花地」的說法，先人誤葬該等穴地，家族便會頻出迷色好淫的子孫。至於人居的陽宅，若是宅形不正，或者是大門開在「七赤」破軍星的方位，每遇流年巧合，宅中人就會容易招惹不正桃花。

　　先撇開理氣不談，單論巒頭。如果睡房夾角相連的兩面牆壁都各有一個大窗，即風水學上所稱的「夾角窗」，主凶。倘若一窗向正東90度，另一窗向正南180度，則稱為「夾角桃花」。這種格局最易招惹不正桃花，最明顯的效應，是出現桃色糾紛，導致夫婦關係破裂。

　　按照古人的理論，這種格局最易導致陰陽差錯，一方吉氣到戶，另一方凶星入宅，凶中藏吉，可惜凶多吉少。

　　在B.C.省，我看過這種格局的主人睡房。一位相識多年的電視台朋友看中該幢房屋，邀請我先作風水評鑑，遂一同跟隨經紀入內。我即時發現了這個紕漏，於是照實相告。朋友決定放棄，另作選擇。

　　原來地產經紀熟悉原業主一家，他後來私下無意中向上述友人透露，原業主二人本是恩愛夫妻，為了賺取快錢，特意離婚，然後聽由「媒頭」安排，分頭返回大陸假婚。經過漫長程序，終於先後獲批。夫妻二人再返大陸帶同自己的「貴客」移民來加。

《風水妙趣》

　　收取協議的酬金後,事情至此,本應落幕,但丈夫竟然弄假成真,與女方打得火熱,由當初的地下情發展至明目張膽狀態,難捨難分,終於被原配發覺,真正分手,決定賣屋離場。

　　此事的玄妙,在於二人不必再辦離婚手續,丈夫與新歡也不用再登記結婚,因為兩項法定程序在開始進行賺快錢步驟之初,已經先後辦妥了。

　　「夾角桃花」格局的房屋,的確較易出現桃色糾紛,導致夫婦關係破裂。

桃花煞

　　命理學上有所謂「桃花煞」,又稱咸池,以日干為主,是命中凶煞。凡其人日柱地支為寅、午、戌,見年月時柱的卯;巳、酉、丑見午;又或者申、子、辰見酉;亥、卯、未見子,均屬咸池,主奸邪淫鄙。

　　《張果星宗》的論斷是:「男患癆病,女淪風塵。」《琴堂指金歌》說:「好馬星若守在咸池,酒色性無期。」

《風水妙趣》

4. 陽宅建築明確指引

　　傳統風水學對陽宅的結構有明確而清晰的規範。這些金科玉律早在先秦時期就已開始逐漸成形，後來隨時代演進和地域差別而呈現不同程度的增刪修訂，但軀體大同小異。

　　據《禮記》和《考工記》等古籍的描述，早期的房屋追求左右對稱，結構方正，予人莊重之感。住宅設置院牆，門內有庭，上方設堂，堂左堂右有邊廂，堂後是寢室，院左院右設置塾室。

　　這些陽宅以五行歸類，分為金、木、水、火、土五形。金形宅牆壁嚴整，四檐相照，忌枯邊。木形宅屋脊高聳，牆垣起伏，舉頭則不吉。水形宅以整潔取勝，忌歪斜。火形宅藏風為上，屋脊平伏，尖聳不吉。土形宅方正，四檐平齊，忌下垂。

　　古時建屋木材的用料，在風水上也有明確的指引：陽木（松、杉、梅）大吉，陰木（栗、楠、槐）屬凶。住宅的橫樑數，最初通行單數為吉，雙數不宜。後來民間依據《易經》卦爻行事，二、三、四為吉，六凶，一、五不吉不凶。

　　在房屋結構方面，古時風水家創造了大批具特殊意義的專門名詞：舊宅前後加建連接的新屋，稱為插翅房；宅後左方高處建小屋，謂之單耳房；新舊部份相連但不成宅體，叫做偏身房。此外，又有雙耳房、卜丁房、露脊房、漏星房、孤陽房等等。

　　時至明清兩代，陽宅結構更趨完善，圍牆、門窗、以至宅內

佈局,更加講究風水術追求的天人合一。圍牆實用而美觀,大門多是朝向秀峰曲水,門內設置屏牆,既能聚氣,又可避免外人窺伺。

歷經風水長期薰陶,上述陽宅模式已經深入民間思維,不論平民百姓還是達官文人,都有意無意中加入對此模式的追求。

引氣內進

風水術特別重視陽宅各門的安排,講究「門門相接,引氣內進」,必須符合「步步從旺方引入」,方屬大吉之門。

門分為大門、中門(又稱二門)、總門、便門、房門,各有不同的規範。位置不同,規則有異。從大門到便門,各門不能設於同一條直線上,以免引入宅內的吉氣太盛而漏失,損耗宅運。

《陽宅覺》卷下的《抽爻換象第二十八》謂,「門以偏正為第一法」,因此古時的門都呈現「曲幽」和多屏牆的現象。

《風水妙趣》

5. 黃帝宅經相宅典範

歷代先後出現以《宅經》為名的相宅著作，不下二十種。翻閱手上資料，撰寫過《宅經》的名人很多，黃帝、文王、孔子名下的著述，固然有《宅經》，淮南子、王微、張子豪、李淳風、呂才，以至更早期的玄女、劉根、司馬天師、劉普平等人，也曾寫過《宅經》。此外，又有三元、地典、天老、五兆、玄悟、右盤龍、六十四卦、飛陰亂伏等書籍，曾經一度以《宅經》之名行世。

上述宅經之中，流行最廣的就是《黃帝宅經》。有一點幾乎可以肯定：該書的作者並非黃帝，因為相傳黃帝在位的年代（公元前2700年左右），文字尚未發明，不可能著書立說。黃帝之名顯然屬於後世假托，憑藉攀附，借其效應自抬身價。

細閱《黃帝宅經》內文，發現字裡行間提到唐代李淳風和呂才等人的名字，足證此書是在唐代甚至宋代成書。有研究風水古籍的專家指出，《舊唐書·經籍志》的《五姓宅經》和《宋史·藝文志》的《相宅經》，就是後人所說的《黃帝宅經》。

《黃帝宅經》的作者和成書年代雖然難以考證，但其立論自成一家，在相地術書類中享有崇高地位，被後世風水家推為典範。

該書對住宅的探討尤其是對擇地的指引，非常全面，圖文並茂。書中還引用了《宅極經》和《三玄宅經》的精華，層次分明：

《風水妙趣》

「以形勢為軀體，以泉水為血脈，以土地為皮肉，以草木為毛髮，以房舍為衣服，以門戶為冠帶，若得如此，是事嚴雅，乃為上吉。」

該書以天干地支，協調八卦中的乾艮坤巽，合為二十四路，組成陽宅圖和陰宅圖。圖中全部方位與吉凶相連，或大福，或大禍，順者昌，逆者亡。清代有此一說：清朝全部皇陵都是依據圖中二十四路相地、選址、定向和點穴。

先賢智慧

二十四路又名「二十四山」，是風水術所說的住宅或墓地四周的二十四個方位，分別以十二地支（子、丑、寅、卯、辰、巳、午、未、申、酉、戌、亥），加上其中八個天干（甲、乙、丙、丁、庚、辛、壬、癸），再加八卦中的四卦（乾、艮、坤、巽）標示。每個方位相隔剛好15度，合共360度。

這二十四個方位是定向的最基本依據，普通羅盤都具備刻度。專業用的「八卦羅盤」則較複雜，二十四山之外，還刻有八卦、九星、天星、二十四節氣、分金、陰陽龍、透地奇門、十二宮、陰陽圖形等等大量測算用的數據，不僅用於測定方位，還用於推算年命、歲月和時辰的吉凶。羅盤的設計，體現了先賢的智慧，令人敬佩。

《風水妙趣》

6. 一個爐灶一個妻？

廣州花都「奇男子一妻六妾」，乍看報紙標題，難免以為時光倒流，回到從前。三千年前的西周時代，諸侯一妻八妾；春秋戰國以至秦漢，貴族納妾變本加厲，巨宅深室之內，遍佈「曲眉豐頰，清聲便體」的如花美妾。

明末一些風水家深信「一個爐灶一個妻」的說法——富貴官宦之家的大宅，廚房大，爐灶多，因而妻妾成群；窮苦人家的寒舍僅此一灶，所以無妾。事實或許如此，但並不盡然。妻妾多寡，還須視乎其人的生辰八字是否命帶桃花，桃花又是否當時得令而定。

爐灶所在的方位倘若位於宅中心，而且又是背宅反向，再加上男主人命屬牆外風流桃花的金釵花或遍野花等十多種不正桃花的其中之一，在外面拈花惹草甚至包二奶的成數就很高。

現代有些人喜歡在廚房牆上加置大鏡，爐灶經大鏡反映，一灶變成兩灶，又或者貪圖方便，在地庫增設附有爐灶的小廚房，按照上述「一個爐灶一個妻」的說法，無異強化了男主人向外面包二奶「另起爐灶」的風險。

古代男尊女卑，男人視女性如玩物，往往以妾娛友，甚至贈妾。在較具名氣的文人之中，韓愈、蘇東坡、白居易，都曾經娶妾，而且不只一個。清代第一才子、巨著《四庫全書》的主編紀

《風水妙趣》

曉嵐更是一妻六妾的超級齊人。晉代名人王仲敦，妻妾成群，每天在脂粉叢中周旋，色慾過度，健康每況愈下，終於接受友人忠告，打開後院，遣走幾十人。至於上述這些名氣中人是否一家多灶，那就無從稽考了。

史籍記載，元朝有個名叫楊維楨的學者，常勸男人勿娶二奶，因為用金錢買回來的妾「許身不許心，使君聞有婦，夜夜白頭吟」，確是至理名言。

孤陽與獨陰

按古時風水家的說法，爐灶忌與廁所為鄰。爐灶屬「孤陽」燥火，廁所則屬「獨陰」，兩者皆為不吉之氣，如果並鄰排列，必定造成相沖局面，影響宅運。

唐代卜則巍風水名著《雪心賦》所說的「孤陽不生，獨陰不長」，指的就是這兩股不可調和陰陽之氣。

《風水妙趣》

7. 樂韻聲中廁飄飯香

　　傳統風水學視廁所為陽宅六事之一，廁所須時刻保持潔淨、通風、安位正確，才可增助家運。古時風水家，對於廁所在宅中的位置非常講究，訂立了一套嚴格的規範。

　　古時風水家認為，屬於出穢之地的廁所不宜開在心臟地帶的宅中心，也不宜開在宅的東北、西南和南方。據《洛書》載，東北和西南五行屬土，南方屬火，都與屬水的廁所相剋，容易使宅中人滋生凶險。

　　按照古老的理論，廁所應盡量設在房屋的凶方，忌壓吉方，而且要力求隱蔽，切勿太矚目，尤其是須避免設在正對大門的當眼地方。廁所正對床尾或緊貼床頭，均屬不吉。以現代的房屋而言，樓上的廁所如果下壓大門口或爐灶位，更屬大忌。

　　西俗雖形容廁所為「必要的厭惡」（necessary evil），但非常重視廁所的清潔、衛生、舒適。一直悉力建設全球性廁所優良文化的世界廁所組織，單是日本分會會員就超過30萬人；日本還訂定每年11月10日為「全國廁日」。從日本作家谷崎在《陰翳禮贊》一書中以「夾雜草香、泥土香、青苔香」的措詞，津津樂道污穢廁氣，許為芬芳幽雅，可知東洋人對廁所何等鍾情。

　　日本公廁可能確實清潔乾淨。近年正有越來越多的年輕人，在午餐時間躲入廁所吃便當，以致一些大學不得不在廁所牆上貼

《風水妙趣》

出「禁止在此用餐」的通告。原來不少性格殘缺、人緣欠佳而沒有朋友的學生，因經常獨自一人在膳堂吃飯感到尷尬，索性走進公廁，在水箱發出的悠揚樂韻中進食，更覺自在。

有位專欄作家打趣說，在內地一些旅遊景點找廁所用鼻子便可以；在日本找廁所看來也不妨用鼻子：飄來飯香菜香的地方可能就有「出穢之所」。

雪隱和手水

日本的廁所在古代稱為「雪隱」「厠」或「手水」。後來先後出現「御手洗」、「化粧室」和外來語「W.C.」等名稱。在公共場合，則用男女性別的圖標表示位置。

在現代的日本，廁所一詞的說法通常有「便所」、「トイレ」、「御手洗」、「化粧室」等名稱。按照文雅程度，「便所」層次最低，可翻譯為中文的「茅廁」，一般是在指公眾場合的公廁，也有人指沒有附設衛生紙的廁所。「化粧室」即「化妝室」，是四種中最文雅的說法，多指比較高檔的廁所。

《風水妙趣》

8. 文昌效應產生奇跡

　　歷來的風水家深信，文昌位具有增助書緣、催發科名和促進思維的效應。文昌位在宅中所在位置，最宜闢作書房，安放書桌。

　　慣用的文昌位共有三種，以推算時所用的方式而定名：一是宅舍文昌，因宅而定，以房屋坐向推算，位置恆久不變；二是流年文昌，因年而異，隨年運流轉，位置每年不同；三是本命文昌，以生辰八字顯示的命格推算定位，位置因人而變。

　　三種文昌位之中，以宅舍文昌的效應最強。倘若氣場、佈局和內外環境都能巧妙配合，在該處安桌讀書或工作，更易得心應手，事半功倍，而且每有福至心靈的妙應。

　　古時追逐功名的讀書人，以至當今「食腦」一族的專業人士，尤其是專門替他人「度橋」打官司的律師，對於這類可助思維的文昌位，都趨之若鶩。

　　文昌位最忌落在廚房或廁所等地方，受到廚廁壓抑，變成「污穢文昌」，那是古代讀書人非常忌諱的事。

　　歷代軼事、筆記有關士子因得文昌之助而致金榜題名或仕途精進的記載，可說汗牛充棟。

　　宋代學者的一部著作《春渚紀聞》，詳載當時有一個名叫張嘉甫的讀書人，一家四口（兄弟三人連同乃父）在不同年份的科舉考試中，先後脫穎而出，榮登金榜。

《風水妙趣》

熙寧年間,先是張嘉甫的父親張通直高中,進入仕途,當上朝廷命官。其後在元豐年間,張嘉甫本人上京應試,又中舉登第。其後他的兄長張大成和幼弟張大受相繼赴試又再高中,名列金榜。一門出四傑,成了當時讀書人嘖嘖稱奇的趣話。巧合乎?張家文昌位效應非凡乎?

張嘉甫其人

張嘉甫是宋神宗時期的進士,楚州淮陰(今江蘇清江)人。歷任臨淮主簿、著作郎、史館檢討。其後獲兩朝皇帝重用升至高位,權重一時。

後來他被指為元佑黨人,數度遭受貶謫,晚年隱居陳州。他的詩作學自白居易、張籍,平易舒坦而不尚雕琢,但常失之粗疏草率,其詞僅有六首傳世,風格與柳永、秦觀相近。著有《柯山集》、《宛邱集》。詞有《柯山詩余》。

《風水妙趣》

9. 針口半設門壽而康

彈丸之地的香港，百歲以上人瑞多達700餘名，在人口中所佔比率之高，僅次於冰島和日本，全球排名第三。出生於清朝，經歷光緒、宣統兩朝皇帝及十任教宗，在離島大嶼山天主教隱修院長期修道的香港最老人瑞高師謙神父，不久前以一百一十歲高齡在睡夢中安然謝幕，告別人生舞台。

「人生非金石，豈能長壽考？」壽元逾九十歲已可稱「壽考」，古往今來，臻列壽考的人不計其數。人生跨越百歲，再以健康之軀攀至一百一十高齡，壽而康兼備，則屬罕見。

另據聯合國公佈的世界「人均壽命」排行榜，加拿大人的平均壽命接近八十歲，在全球人均壽命的排行榜上名列第三位。美中不足者，加國國民的「人均健康壽命」不足七十歲。換言之，加拿大人在生命的最後十年，普遍因身體出現或大或小的疾病而未能真正享受真正健康的人生。

傳統的風水理論認為，在宅中陰陽交界的「針口半」位置設門，可改善生活起居的氣場，達致壽而康的效應。

「針口半」是以風水羅盤二十四向之中的辰、戌二向劃分，有別於另一風水狀貌「龜頭午」。辰向即東南120度，戌向是西北300度，相差180度，剛好在一條直線上。古人認為，在直線所經的任何位置，根據宅主命格推算的吉利方向，騎線居中分半，設

置大門和宅主睡房房門，可使宅主長壽健康。

　　在佛家眼中，有所謂壽者相，有諸內而形諸外，「相」反映了妙不可言的心理狀態，與儒家「仁者乃高壽之徵」的說法異途同歸。仁者胸襟廣闊，性靜情逸，飲食有節，養生得體，無異在胸腹之內的「針口半」大開中門，是以克享遐齡。

仁者壽

　　仁者壽，是養生術語，意謂道德崇高者可以得享長壽。語出孔子所說的「故大德……必得其壽。」

　　儒家特別注重個人道德修養在養生中的作用，主張以個人養德，進而達至道德自我完善的境界。仁者壽的觀點是儒家養生思想最典型的體現。現代醫學理論認為，人是大腦皮層統率的完善生物體，心理因素對人的健康有著極其重要的作用。因此，儒家的「情志說」觀點，與上述的現代醫學理論頗為脗合。

《風水妙趣》

10. 凶宅為何不宜安居

　　清代的北京城有所謂「十大凶宅」，居者若非暴卒，就是被殺，或遭遇嚴重事故。當時的人談虎色變，紛傳這些深院大宅冒犯了白虎星，因而公認風水極差。

　　十大凶宅的建築設計不約而同呈現類似的特點：不僅採光條件惡劣，昏暗陰森，而且宅相怪異，滿佈各種各樣的形煞，或則「望門喪」、「穿背水」，或則「血盆照鏡」、「白虎抬頭」。倘若印證傳統風水理論所蘊含的環境學原則，可說全部相悖。

　　居住在這些凶宅的人長期受到感應，難免心緒不寧，精神恍惚，行事失當，以致行為反常，疾病纏身，災禍不斷。風水家斷為「凶宅」的房屋，不宜安居，其理在此。

　　香港很多建築師都研習風水，其中一個目的就是避免在設計時不自覺犯忌，構建了凶宅或風水敗局。本專欄曾經提過星加坡一個眾所周知的事實：當地很多發展商都要求受聘用的建築師必須懂得風水基本常識並持有修讀特定風水課程的證書，否則不獲錄用。

　　凶宅倘若因設計錯誤而造成，正如某些連年賠本而陷於結業邊緣的賭場一樣，大可透過改建工程化凶為吉。手頭上有一篇賭場改善風水格局後轉虧為盈的文章，原載北京《科學畫報》1988年第十一期，題為「科學風水學」。

《風水妙趣》

　　該文章謂，歐洲有家賭場，經常被賭客贏走巨額彩金，年年虧損，老闆無計可施，打算結業。後來有人向他獻議，效法中國古人「賭館進財」的風水佈局，又將賭場內局改為圓形，外局屋頂也改為圓頂。內外格局經此一改，賭場果然一洗頹勢，逐漸反敗為勝，財源滾滾而來；一眾賭徒則連場敗北。（澳門每年賺大錢的葡京賭場就是採用此種設計，狀如鳥籠。）

最昂貴凶宅

　　多年前，歐美一群專家曾經合作，對美國、英國、比利時、印度、埃及等國家的二十多座「凶宅」實地勘探，發現這些建築物都有不同程度的地下電磁污染。換言之，「凶宅」現象多半與不良的地質因素有關。

　　世界最昂貴的凶宅位於美國邁亞密，業主原是意大利一位時裝大師。有一年他在當地度假時購置，大興土木擴建裝修，極盡豪華。竣工不久，他竟在宅中遭人暗殺，豪宅頓變凶宅。他的妹妹其後以2000萬美元低價出售。新業主（美國電訊業大亨）最近以一億二千五百萬美元的高價轉售。

《風水妙趣》

11. 反弓水池損丁耗財

　　在住宅的風水環境佈局中,「水」佔的份量頗重,因此噴水池或泳池的安排是否恰當,直接呼應宅中人的吉凶。按照古人的說法,這類靠近宅舍的池塘,無論位置、形狀、大小,都足以影響宅運。

　　如果宅前已有噴水池,宅後就不宜再建泳池,否則不但損丁,還會引致破財敗家。

　　宅前開建噴水池即所謂「宅前水」,較之「宅後水」的泳池更佳。古代風水家認為,宅門迎水而開,倘若位置和形狀恰當,便是上佳的聚氣納財大吉局。無論宅前水或宅後水,都不宜過於貼近住宅。

　　然而,噴水池之類的宅前水,最忌雙池並列,雙池如果形似「哭」字,預兆宅舍不寧,常遇災厄。

　　至於池塘形狀,以半月形為最佳,圓曲形次之。半月形的水池,弧在外,弦在內,是玉帶環腰、河山朝拱的水抱大吉格,弧弦不可相反。如果圓弧朝向宅舍,那就變成「反弓煞」,損丁耗財了。撇開風水不談,半月形也有「月盈則虧」、「明月以不常滿為心」的寓意。

　　圓形有圓滿之意,但圓形池塘如果置於宅右的白虎方,稱之為「白虎開口」或「血盆照鏡」,屬於大凶。

《風水妙趣》

　　如果池塘呈尖形，尖角沖射宅居，是為沖剋凶相，對家宅不吉利。

　　在現實生活中，如果尖角正對住宅，水面反光，強光反射入宅，對宅中人也會造成諸多不便。

　　在多倫多北面一處住宅區，曾看過一幢設有四個車房的大宅，後園一大片草地盡頭的圓形泳池，面積細小，與大宅完全不相稱。按照古老的風水理論，宅大池小，主男孤女夭，不吉不利；至於宅小池大，則預兆財帛流散。兩者均屬凶象，宜應避免。

反弓煞

　　池塘、泳池、天橋或馬路，又或圓弧性建築物，反弓向著自己的住宅或工作場所，猶如大鐮刀，稱為鐮刀煞，也叫反弓刀、反弓煞，殺傷力頗大。

　　這是一種不吉利的風水格局，容易產生負能量氣場。按古籍的判斷，犯之疾病纏身，諸事不順，易招血光之災。選擇居所，宜盡量避免。

《風水妙趣》

12. 大門定位有三大忌

佛經故事有一個「四門遊觀」的典故，描述釋迦牟尼出家之前在不同的四道門目睹人生的無常，從而證悟佛性，最後成佛，普度眾生。成語中也有車馬盈門、門庭赫奕、玉堂金門以及白屋寒門、門可羅雀之句，分別反映家業顯赫興旺和境況貧困蕭條的狀態。

大門既然是一宅的氣口、氣道、咽喉，以能溝通外界吉氣為佳。古代的大富之家，大門都力求面向彎曲的有情水和秀麗的山峰。大門之內設有屏牆，使宅外經過的人不能直望宅內，故宮的九龍壁即屬此類屏牆。宅內曲徑通幽，既通達又易於守護。這些都是風水理論的實際反映。

歷來的風水家認為，大門宜開青龍方，忌開白虎位。宅大門小，氣流不暢，容易閉氣，固然不吉；宅小門大，不僅難以聚納吉氣，而且還會洩氣，亦屬不利。門的大小宜以適當、勻稱、美觀為佳。

清代學者王若虛的《陽宅心鏡註》提到人居的陽宅取門有三大忌：一忌迎風開；二忌門外空間太少；三忌進門見樓梯。住宅如此，公眾場所亦然。建築界譽為藝術傑作的香港藝術中心，剛好全部犯了以上三大忌，經常在該建築物進出的市民都大感不便。

不懂風水的人都知道，香港藝術中心的大門正是「迎風開」，

向著風口，由於門外並無屏障，街上的風沙經常撲面而來。到此觀賞節目的市民，都不想在門外久留或等候，一到達門口，便急忙推門內進。其次，門外空間的確太少，狹窄異常，既無寬闊的廣場，連避雨的走廊也沒有，可說完全沒有走動的餘地，令人感到極不舒服。第三，建築物的大門恰好與大樓梯相對，氣場破耗，整體環境予人侷促不安的感覺。

當年的建築師如果懂得一些基本的風水常識，避免了取門三大忌，目前的狀況應該有所不同。

大門設計兩大忌

陽宅取門固然須避免三大忌，按照傳統風水理論，大門的設計也有兩大忌諱：

1. 忌呈拱形。拱形門狀若墓碑，類似陰宅，很不吉利。這類門形在現代家居裝飾中時有所見，須盡量避免。

2. 橫梁壓門。進門處有大樑壓制，預兆宅中人丁一世仰人鼻息、鬱鬱不得志，難以出人頭地。終生受壓，實屬大忌。

《風水妙趣》

13. 拱門　鬼門　鬼線

　　友人購置了新居，為添家居美觀，欲將大門改為圓拱形，特來電郵相詢：拱形大門在風水上犯忌的傳言是否確實言出有據？古籍上有沒有記載？

　　拱門的負面凶義，源自中國歷史上最早的一部博物奇誌《山海經》一個古老傳說：東海島上的度朔山有株巨大桃樹，樹幹盤曲綿延，覆蓋三千里。大桃樹東北面的大樹枝彎曲後變成一座拱門，天下鬼眾都經由該拱門即所謂「鬼門關」進出陰陽界。大桃樹上住着神將神荼、鬱壘兄弟二人，藉樹上仙桃為生。他們奉玉皇大帝之命，鎮守 拱門，監察群鬼，遇有惡鬼為非作歹，就用蘆葦草索捆綁，拋下後山餵老虎。

　　後世風水家將宅內東北角45度（艮方）視為容易招陰的鬼門，由艮方向西南坤方延伸的一條直線稱為鬼線，避免在艮方設置大門尤其是拱形大門，正是源出於此。

　　神荼、鬱壘就是千百年來民眾張貼在大門上辟邪鎮鬼的門神。歷經世代相沿成習，拱門也逐漸變成民間建造房屋時避之則吉的忌諱。

　　歷來有「天圓地方」的說法，圓形代表無始無終的天，主流動、游移，行軍將士和遊牧民族所用的營帳均為圓拱形；方形主地，四平八穩，有利安居樂業。

《風水妙趣》

拱門拱窗利動,較為適合商場、公園、郊野等地方,而不適合宜靜忌動的住宅。

拱門拱窗形狀如古代的墳墓,狀相不吉利,很多人認為容易招鬼納陰,都心生抗拒。此外,宅內設置拱門猶如耕牛在頸項上自套犁軛,一生營役,終日辛勞而不得溫飽,亦為企盼安逸富貴的人避之若浼,不欲每天在犁軛之下進出。

入門宜三見

1. 入門宜見紅。開門見紅又稱開門見喜,意即一開門就見到紅色裝飾品或紅牆壁,立刻感受喜氣洋溢的氛圍,予人溫暖興奮,心情舒暢。

2. 入門宜見綠。開門後綠色植物隨即出現眼前,生趣盎然,眼目清涼。

3. 入門宜見畫。開門見到一幅賞心悅目的雅致圖畫,眼前一亮,倉促感覺隨之消失,頓然感受宅主的高雅品味。

《風水妙趣》

14. 開門見梯破面退財

風水諸煞中有所謂「破面煞」，所指的是正對大門的上行梯。雖然有人將上行梯形容為節節向上，步步高升，但從風水角度而觀，則屬凶煞，梯級愈高直愈凶險。

假設大門向吉，足以納吉招財，吉氣從大門入宅，立即碰上正對大門的上行梯，難免遭受切線般的梯級切割，造成氣場混亂、不暢，大大影響吉氣在宅內的流動。

化解破面煞其中一個最簡單的方法，是將樓梯貼近地面的第一級稍為轉向，轉至另一個吉向，避免與大門平行相對。

開門見梯，所見的梯倘若向下，即下行梯，亦屬凶相，古時的風水家稱為「退財煞」，先吉後凶，預兆宅中人運勢下滑，節節下降。這類階梯的凶煞又如何化解？清人筆記提到一個簡便的方法：將梯級和梯欄髹成白色，化為納吉的「金水格」。

有一個「登樓拆梯」的典故，饒有趣味。東漢末年，群雄之一的劉表偏愛幼子劉琦，不喜長子劉琮，但後母則寵愛劉琮而厭惡劉琦，經常在劉表面前造謠生事，陷害劉琦。劉琦憂心自己受加害，深感處身危境，曾多次懇求諸葛亮替他出主意，諸葛亮恐怕開罪劉琦後母，一直不便表態。

有一天，劉琦約請諸葛亮登樓飲酒，再暗中吩咐手下拆走面向大門的樓梯，也就是廢除了擾亂宅內氣場的「破面煞」，然後

懇請諸葛亮賜教良計。諸葛亮不得脫身，無可奈何之下，給劉琦說了春秋戰國時期晉獻公妃子驪姬企圖謀害兩位公子申生和重生的故事——「申生在內而亡，重耳在外而安」。劉琦心領神會，立刻上表請求遣派遠赴江夏駐守，避開了後母，最終免遭毒手。

《孫子兵法》中也曾載有破釜沈舟的「去梯」策略。

入門忌三見

傳統風水學認為，入門宜有四不見，除了上文提到的「破面煞」，還有以下三忌：

1. 入門忌見灶。入門見灶，火氣沖逼，財氣易洩難進。《陽宅集成》所說的「開門見灶，錢財多耗」就是指此而言。

2. 入門忌見廁。大門是一宅溝通外界吉氣的氣口、氣道、咽喉，廁所則穢氣四溢。從外面納入的財氣旺氣，一進門便受到廁所穢氣的沖擊，情何以堪？

3. 入門忌見鏡。鏡子有反射作用，可將將納入的財氣旺氣反射出去。除非大門直對沖煞或穢物，否則不宜懸鏡正對大門。

《風水妙趣》

15. 吉凶取決氣色納氣

按傳統風水學理論，住宅的吉凶取決於納氣和氣色。納氣包括納聚地氣和門氣，倘若兩氣相旺，氣色神彩飽滿，宅雖舊，亦可興發富貴。說來似乎玄之又玄，但歷來的風水家都深信不疑。

依據五行相生相剋理論，地氣和門氣來自剋方，宅受沖剋，宅中人必定感染凶煞之氣。倘若來自生方、宅受生旺，宅中人便會沾上吉氣。勘測風水，目的在於改善氣場，化凶為吉。

氣場形成的陽宅吉凶，不僅關乎宅中地氣和門氣的來源，還牽涉宅外環境的大局。單以周圍道路而論，來脈（朝向住宅的道路）、界水（橫路）、以八卦取名的乾坤八氣，都是關鍵因素。

「宅」字本身其實早已清楚顯示它蘊含的風水擇抉內涵。漢代末年成書的詞義典籍《釋名》，對「宅」字有這樣的闡釋：「宅，擇也，言擇吉處而營之也。」我們每個人的住宅，正是選擇和經營的結果。

以言陽宅吉凶，廣泛流行的風水典籍《陽宅十書》，有頗多的精闢論述。該書共四卷十篇，從宅形、福元、穿宮九星、大月游年卦，到造門、放水、內形、空裝卦，以至符鎮和宅內各項設施的佈局，都有不厭其詳的論述。

《陽宅十書》作者不見經傳，清代乾隆名臣紀曉嵐主編的《四庫全書》總目也未有收錄，書中提到的禁忌雖多，但立論在

《風水妙趣》

民間深入人心,影響深遠。

該書第一篇即明確提出:「人之居處宜以大地山河為主,其來脈氣勢最大,關乎人之禍福最為切要。倘外形不善,僅內形得法,終不得存吉。」

佛隱《風水講義》談來脈,也有同感:「靠山起伏,高低錯落,曲曲如活,中心出脈,穴位突起,龍砂虎砂,重重環抱,外山外水,層層護衛,實乃發富發貴之地。」

名人寶地

歷史上很多著名人物,例如劉秀(後來的光武帝)、范蠡、陶潛、嵇康等人,都曾選取風水福地修建住宅,千百年來傳誦不絕。劉秀的六安縣故宅,毗鄰白水,有龍虎白水的含義。

山東曲阜孔子故宅和江西龍虎山張道陵舊宅,都是歷史上公認風水最佳的陽宅。孔宅兩水交流,屬平原見龍貴格,後世子孫盡皆蒙受恩寵;張宅藏風聚氣,且有青龍白虎盤踞之威勢,後代昌隆,傳世逾五十代。(本書另有專文分析兩地優劣。)

《風水妙趣》

16. 暢銷揮春財色兼收

歲聿雲暮，一年將盡之際，又見揮春（春貼）處處。現代不少家庭一仍舊貫，依照傳統習俗，在家居張貼語多吉祥的揮春，善頌善禱，為新一年祈福祉，求吉利。

時移世易，很多行之久遠的揮春句語，近年已由充滿時代氣息的新興「潮語」取而代之。在香港維多利亞公園年宵市場專賣攤位出售的各款揮春之中，「財色兼收」、「嫁個有$人」和「不勞而獲」連續幾年名列暢銷榜；光顧者全是青年男女。

揮春內容隨時代演進，推陳出新，昔日農業社會企盼的「風調雨順」、「年年豐收」、「百子千孫」逐漸褪色，發展至今天廣泛流行的新潮語，多少反映了當今新生代普遍存在的好逸惡勞、急功近利心態。

春貼又名「春帖」、「春書」，粵人稱為「揮春」，早在一千五百多年前的南北朝時代已經出現，當時的名著《荊楚歲時記》及其後唐朝孫思邈的《千金玉令》都有詳細記載。

古時風水家認為，含有數目字的揮春，如果與張貼位置的方位五行相生　相旺，足以發揮正面的風水效應。

河圖洛書顯示，東方屬木，南方屬火，西方屬金，北方屬水。至於數字五行，一屬水，二、五、八屬土，三、四屬木，六、七屬金，九屬火。以此推算，屬水的「一勞永逸」宜貼在宅舍內屬

木的東方,不宜貼在屬火的南方。同理,屬土的「八面威風」宜貼在屬金的西方或西北方,不宜貼在屬水的北方。否則就是配置錯誤,難言大吉。

有位曾經施過心臟手術、患有高血壓的老先生娶了一位年輕女子為妻,過年時在床柱貼了一張「出入平安」的揮春。那次我應約到深圳替他新居勘測風水,注視該揮春良久,最初大惑不解,後來察覺他面露尷尬,方知「出入平安」別有所指。老先生祈求的是另類出入平安,貼在床上應該不算錯誤配置。

《荊楚歲時記》

上文提及的《荊楚歲時記》,是一千四百多年前南北朝時期的筆記體專書,全書共三十八篇,現存一卷。該書以時為序,自元旦至除夕,記錄了古代荊楚地區四時十二個月重大節令的來歷、傳說、風俗、活動等,涉及天文、地理、歷史、神話、農事、耕作、嫁娶、家務、醫藥、遊樂、運動、旅遊等眾多範疇。

後世很多學者均認為,該書是中國年代最早、影響最大的民俗學著作。其中關於十月十五夜迎紫姑神的記載,維妙維肖,頗具文學色彩。記載 端陽競渡、寒食禁火、七夕乞巧、重陽登高等民俗狀況,具有珍貴的歷史價值。

《風水妙趣》

第三章　外煞滋擾

1. 殺人不見血的聲煞
2. 宅前桑樹變望門喪
3. 選址避免風生水起
4. 狹隙效應損耗健康
5. 「頂心杉」擾亂安寧
6. 乾坤缺角易犯小人
7. 前不栽桑後不種柳
8. 客土疏惡奪魄無氣
9. 上佳寶地可變大凶
10. 環境變遷夫妻失和
11. 南端極地神奇造化
12. 宗師險招殺身之禍
13. 宅地掘出油膩土龍
14. 典籍談風少論水多
15. 風水之法得水為上

《風水妙趣》

3

瀑布聲煞是風水群煞其中一種。

《風水妙趣》

1. 殺人不見血的聲煞

戰國時代成書的《尚書》其中的《禹貢》篇，對黃河壺口瀑布驚濤怒吼、震聲貫耳的壯觀景象的描述，可謂字字珠璣。黃水倒懸傾瀉掀起的浪流巨響，一如轟天雷鳴，水聲方圓數里清晰可聞。春秋兩季，陽光照射之下，瀑上彩虹隨波飛舞，景致絢爛，因而後世有詩人以「秋風捲起千層浪，晚日迎來萬丈紅」之句吟詠瀑布美景。

相傳古時有一位雅士，崇仰壺口瀑布萬馬騰躍、雄偉磅薄的氣勢，欲近距離日夜貼身觀賞此一天然美態，於是在瀑旁結草廬而居。飛瀑水景美則美矣，只是事與願違，原來他漸覺如雷轟頂，頭痛耳鳴，痛楚難忍，苦不堪言，完全沒有心曠神怡的感受，不出一旬便帶病離廬遠去。

瀑布附近、海岸之旁，浪濤聲日夜不息，震耳欲聾，即使是聲浪較低的鐵匠店周圍，古代的風水家均一律視為凶煞之地，不宜久居。聲煞是古人列為「殺人不見血」的風水群煞之中的一種凶煞。

現代人稱為噪音的聲煞，對人體的損害極大。專家的研究證實，影響的範圍遍及聽覺、神經、心臟、消化系統、生殖機能和胚胎發育。長期受噪音侵擾的人，壓力增加，情緒失控，煩躁不安，容易導致精神分裂甚至殺人。前幾年，美國一名男子午睡時

難忍鄰居一群孩子嬉戲喧嘩的噪音，心煩意亂之下突發狂性，竟開槍亂射，孩子全部罹難，舉國震驚。

此外，聲煞還可引發腎上腺素提升、呼吸加速、血壓升高的跡象，患心臟病的機會增加四成。大時鐘的鐘鳴、馬路上的車聲，以至工地打樁和飛機升降等等所產生的聲響都不是一般人所能忍受的高分貝聲煞。

古時的人常在面向聲煞的宅中方位懸掛木葫蘆，或者在坤方（西南225度左右）安放銅葫蘆或麒麟風鈴鎮壓，此舉只能令宅中人心境稍趨平靜而已，無法徹底化解面向的聲煞。

何只聲煞

以言對身心的禍害，何只聲煞而已。佛家在「聲」之外，加上色、香、味、觸、法，稱為六塵，視作污穢，無怪乎陶淵明稱現實世界為「塵網」。置身其中，實在很難超脫塵慮。

游目四顧，聲色淫邪充斥各個層面，形形色色的各類污穢以排山倒海之勢污染人的五官，企盼「清秋萬里淨，暮日澄江空」的境界，或者效法莊子「茫然彷徨乎塵垢之外」，真是談何容易。

《風水妙趣》

2. 宅前桑樹變望門喪

樹木在陽宅環境的風水佈局上，歷來都有一套完整的風水觀，力求「上接天之旺氣，下乘地之吉氣」，激發真氣，利宅旺丁。

一千五百多年前的北魏實行均田制時，曾經詔令天下，家家戶戶種植桑樹。桑樹屬於益樹，可以養蠶吐絲，織造綾羅綢緞。然而，桑樹也有不少負面的意義：異性幽會的地方稱為桑間濮上；不正當的男女關係叫做桑中之約。

民間種植桑樹多種宅後或宅旁，千百年以來，大江南北很多地方的人都堅守「宅前不種桑，宅後不栽槐」的禁忌。桑與喪同音，古時的人特別忌諱門前種桑意味的「望門喪」。

居於珠三角的一位Ｗ先生傳來電郵，邀約前往順德，替他選中的一幢房屋評鑑風水。當時我剛離港返加，須至年底入冬時才再回港了。Ｗ先生似乎有點失望。

他坦言先後已經看過近一百幢房屋，若非自己不滿意，就是不合太太眼緣，有時夫婦二人合意，但價錢談不攏。現在選中的一幢全部稱心如意。

他們最後決定先行購置，待至我下次回港，再約期到新居定位和佈局。後來從友人電話獲悉，他們與該宅無緣，購置後一天都未住過就放盤出售了。

原來入伙當晚，夫婦二人站在門口欣賞門前草地上一棵長相

《風水妙趣》

茂盛的桑樹；鄰居過戶傾談，透露了一個他們聽來如晴天霹靂的消息：上手的男主人月前在睡房上吊自盡之後，一家人就搬走了。

W婦心生恐懼，不敢久留，當晚入住酒店，再圖後計。親友都戲笑他們「千揀萬揀，揀個門前種桑的爛燈盞」。

宅後不栽槐

「宅前不種桑，宅後不栽槐」的禁忌由來已久。據古籍《相宅經纂》說，槐樹是吉祥、長壽和官職的象徵，認為「中門有槐，富貴三世」。由於民間向來有尊槐的風習，不欲褻瀆吉祥，因而禁忌植槐於屋後。另有一說，恐怕槐樹招鬼，因而忌栽宅後。

明朝崇禎皇帝在北京景山選擇上吊自盡的大樹，就是一棵槐樹。

《風水妙趣》

3. 選址避免風生水起

朋友傳來電郵，說她兄嫂一家自從半年前遷入港島石澳一幢建於崖岸的住宅之後，家人經常失眠，而且身體頻頻出現毛病，輪流看醫生。該處大部分日子吹勁風，崖下海浪拍岸，濤聲浪花不絕，兄嫂當初認定是一個風生水起的好地方，才決定遷入，現在為此深感困擾。

以「風生水起」一語用於人物或事業，形容長袖善舞、財源廣進的人也許適當，若是指房屋、宅地，那就不敢恭維了。在傳統風水學而言，「風生水起」的地方其實絕非好風水。

我們今天常用的「風水」一詞，源自一千七百年前郭璞經典著作所說的「氣隨風則散，界水則止。」如果房屋宅地周圍「風生」，經常刮強風，天地間的陰陽精氣必散；倘若屬於波濤洶湧、風高浪急的「水起」，顯然不能界氣。

風生氣散的結果，必然造成「騰漏之穴」，主敗棺腐骨，禍延子孫。倘若水不能界氣，結果是祥和盡失，凶狀畢呈，同樣難言吉利。因此，無論是墳墓一類的陰宅，或是人居的陽宅，周圍的環境都以「藏風聚氣」為佳，若屬「風生水起」，那就不妙了。

宅居太靠近海邊，浪濤「聲煞」之外，萬一另犯「割腳煞」，更加不妙。

傳統的風水理論認為，陰陽二氣是天地萬物的源頭，即所謂

《風水妙趣》

「化始」。無形之「氣」在天成象，在地成形，也就是所謂「化機」。天地萬物由「氣」帶動，即所謂「化成」。「氣」旺則生命力強，「氣」衰則生命力弱。秉受「真氣」的「真穴」才算得上風水福地。

既然「氣隨風則散，界水則止」，宅地的吉凶關鍵就在於是否藏風得水，聚納吉氣。日夜不停的勁風，加上不絕於耳的海浪濤聲造成聲煞，必定家無寧日。「風生水起」的地方無論如何不是好風水。

割腳煞

割腳煞是風水眾多形煞的其中一種，房屋或陰宅處於貼近來水沖擊的彎弓形地段的外弧位置，即犯割腳煞。《山龍語類論》的判語是：「割腳水，水貼穴前，扣腳行也。」廣義而言，如果陽宅房屋位於彎弓形天橋或道路的外弧位置，也屬於犯煞。

犯割腳煞的房屋，通常宅運不穩，易反易覆，得運時大富大貴，失運時墮入谷底。

《風水妙趣》

4. 狹隙效應損耗健康

　　古往今來的風水家,推崇山環水抱的自然景觀,認為山直無環、幾條山脈呈平行川字狀走勢所形成的山谷地帶,必定是「破敗之地」——不利聚居,因而人煙稀少。

　　現代高樓大廈之間形成的狹隙,其實就是人為的川字狀山谷,也就是人為的破敗之地。狹隙之內,風勢勁疾。

　　近距離面對天斬煞的房屋,長期受到狹隙惡劣氣場侵蝕,通常都不是安居樂業的大吉宅。宅中人最常見的「困厄」,是健康耗損,毛病叢生,家居不寧。

　　傳統風水學列為巒頭形煞之一的「天斬煞」(又稱「天塹煞」),所指的就是毗鄰的兩座高山或兩幢高聳建築物之間形成的狹窄空隙,仿如天刀自上而下砍開;該空隙產生惡劣氣場,發放煞氣,愈窄愈長愈凶險。

　　從現代環境科學的觀點而言,人少聚居正是明顯的「狹隙效應」造成的結果。有專家謂,勁疾風勢反射的反激風風速高達五倍,這種氣流必然導致磁場和超微離子分佈的異化,以致鳥不作巢,人更不可居。

　　多年前,紐約一名年輕女子走過鬧市兩幢摩天大廈之間的小巷巷口,被一陣突如其來的怪風凌空捲起,墮地受傷昏迷,衣衫不整。警察接報到場,最初以為該女子遭遇賊劫非禮,其後經調

查證實,是「狹隙效應」所致。

中國現存最早的一部醫學典籍《黃帝內經》論述養生理念,提到「九宮八風」其中四風——剛風、折風、凶風、大剛風,這與天斬煞造成困厄、破敗,罪魁禍首可謂同出一轍。

從風水角度而言,該地方顯然屬於「不祥凶地」,如果在地面興建房屋,必定是凶宅無疑。

川字掌

在掌相學上,如果生命線和智慧線在起端分離,與感情線形成三線走勢,則叫「川字掌」,有別於幾條山脈呈平行川字狀走勢所形成的山谷「破敗之地」。據專家的研究,世界上擁有這種掌紋的人,數量雖僅佔少數,但頗多位居要職。

歷來的掌相學家認為,擁有川字掌的人,思想敏捷、自信心強、固執武斷、不易接納別人意見,對人處事非常認真,但嫉妒心極重,尤其是職業女性,或許事業有成,貴為女強人,只是婚緣頗薄,難享和諧婚姻。

明代思想家陳乾初撰寫的《六爻相術》則獨持異議,對男女川字掌者有不同的判斷:「女川事事福。男川事事難。右川代代福,左川累累金。」他認為,擁有川字掌的女性,不論左手或右手,均屬福厚而多財,但男性川字掌者就困阻處處,諸事不妙。

《風水妙趣》

5.「頂心杉」擾亂安寧

　　早上在多倫多北約克一個常去的公園晨運散步，目睹一戶人家正在鋸除後園獨一無二、位處角落的一棵高大松樹。近距離凝視枝幹茂盛的大樹驟然應聲倒下，內心泛起一股良久揮之不去的悲涼。

　　該棵松樹位於宅地的西北「乾方」，本是最宜植樹的吉利方位，而且又是後園唯一樹木，既可觀賞又可防風，距離宅基頗遠，尚不致於產生根患。何以遭此下場，百思不得其解。

　　清代學者林牧的《陽宅會心集》斷然指出，生長多年的高大喬木關乎宅運，不可胡亂斬伐，因為樹木所在的位置如果屬吉，斬樹等於除吉；樹木所在的位置如果屬凶，斬樹動凶無異招煞。林牧認為，即使有樹木生長在不吉的方位而應予清除，也不可瞬間斬剎，而應該假以時日，「漸減去之」。

　　歷來的風水家以樹木聯繫人運的吉凶，重視宅舍周圍的樹木，視為環境佈局上一個非常重要的環節。在環保意識尚未普遍植根人心的年代，風水家的理論和操作客觀上保護了大自然的環境生態。

　　樹木可說是單一的民居以至周圍整個社區的皮毛，適量種植足以保護生機。尤其是高地或山谷地帶，常吹烈風，很需要樹木作屏障，抵禦寒氣。宅居草木繁茂，意味生機蓬勃，家運興旺；

樹木頹敗，花果凋零，預示家運衰落。

宅地之內的房屋四邊，種植樹木宜適量，的確不宜太多，過猶不及。從現實方面考慮，行雷閃電時，濕樹易於導電，不利人畜；樹根入地基，也容易動搖房屋；遍地落葉，經常清掃更是費時失事。

大門口前方正中位置最不適宜種植大樹。從風水角度而言，此大樹稱為「頂心杉」，足以干犯宅地氣場，擾亂宅中人丁安寧；不僅妨礙吉氣入宅，而且造成入口陰暗，光線不足，助長陰氣。

《陽宅會心集》

清代學者林牧《陽宅會心集》現存的嘉慶十六年刻本，卷上「種樹說」對樹木尤其是風水林的種植，有精闢而詳細的論述。他說：「村落背後，左右之處有疏曠者，則密植以障其空」；「稀薄則怯寒，過厚則苦熱，此中道理，陰陽務要沖和。」強調園林樹木的種植配置要適當，不要過稀和過密。

正如其他的風水家一樣，他不贊成在門前種植大樹，「大樹壓門，無女少男」、「大樹當門，六畜不存」，門前有大樹易隔擋陽光，阻擾陽氣生機進入屋內，同時屋內陰氣不易驅出，還使人出入不方便和易招雷擊。

《風水妙趣》

6. 乾坤缺角易犯小人

民間通行的一篇勸世文，有謂「易漲易退山溪水，易反易覆小人心」，忠告世人「求人須求英雄漢，有難勿受小人恩」，視小人如毒蛇猛獸，即使自己身陷危難，遭遇嚴重災厄，都不要接受小人恩惠。民間根深蒂固的「防小人、避小人、化小人」心態，在日常生活上形成了各種各樣的風水操作。

傳統風水學認為，宅舍的乾方（西北）和坤方（西南）是宅中男女聚氣招納好運的所在，萬一乾坤兩個方位都缺角不全，意味陰陽失調，易犯小人，是非不斷。古人常用的最簡易化解方法，是在缺角的虛位種植高樹。

風水家深信，宅舍內若見橫樑外露，或四門相對，又或三門成品字狀，都容易招惹小人是非。外露的橫樑倘若不便另加天花板掩藏，可在樑下懸掛葫蘆化煞，但須盡量避免在樑下安床、置桌。

按照九宮飛星派理論，每年隨年運流轉飛臨不同方位的五黃煞（又稱正關煞、廉貞煞），同樣帶有滋生小人是非的逆緣。在該方位放置銅錢或風鈴之類的金屬物品可削弱煞氣。

有過來人從另一角度思考，認為小人正如高人和貴人一樣，是成功路上不可缺少的基因之一。如果僅是高人的啟發指引和貴人的相助扶持而沒有小人從中耍奸計拖後腿，人很容易流於自滿

驕橫，妄自尊大，喪失警覺。成功人物開創的大業之中，其實有小人暗地施展的一份苦勞。

倘若小人的絆腳能使你時刻留意路上障礙，不致跌倒受傷，又或小人在背後發放的閒言冷箭能使你力保清醒，步步為營，小人實際上也就是貴人了！

勸世文

歷來的勸世文多如過江之鯽，出自宋朝宰相呂蒙正親撰的一批流傳最廣，以下是其中一篇：「天有不測風雲，人有旦夕禍福。蜈蚣百足，行不及蛇；雄雞兩翼，飛不過鴉。馬有千里之程，無騎不能自往；人有沖天之志，非運不能自通。」最後一句強調「運」，與他的背景不無關係。

呂蒙正幼時被父遺棄，受盡人間白眼，曾與母同住寒窯，以乞討為生。他其後發奮讀書，最終官至極品。他從受人鄙視到萬人尊崇，深感天道無常、人情冷暖。

《風水妙趣》

7. 前不栽桑後不種柳

　　在中環四季酒店一個彌月宴上，巧遇剛從溫哥華回港探親的一位「加香人」（移居加拿大的香港人），同席毗鄰而坐。話盒打開，談到「無心插柳柳成蔭」。據謂，鄰居三戶人家都在後園栽種了大小不一的柳樹，竟然不約而同發生婚變，夫婦中道仳離。他心生疑惑，於是有此一問：後園種柳與離婚有無因果關係？

　　民間歷來忌諱在宅舍的前後分別種植桑樹和柳樹，因而有一句耳熟能詳的風水口訣：「前不栽桑，後不種柳」。宅前不栽桑樹，是因「桑」與「喪」同音，出門見桑（喪），惟恐不吉。

　　後不栽柳，也有多個寓意不吉的因由。一是柳絮無籽，栽於宅後恐怕絕後，家無子孫後代。二是古人慣常在墳墓後面栽種柳樹作為墓樹。三是殯葬禮儀所用的喪杖和招魂幡都是用柳木製作。此外，晉文公當年放火燒山，介子推母子不肯就範，正是緊抱後山大柳樹燒成焦炭。

　　翻閱古籍記載，後園種柳與離婚似乎並無直接的因果關係，有關柳樹的正面記述反而為數不少……

　　戰國時，有個愛柳成癖的人索性放棄原來的展姓，改姓柳，他就是坐懷而不亂的柳下惠，他的後代相沿世襲都以柳為姓。東晉陶淵明，特意在堂前栽了五棵柳樹，自號「五柳先生」。北宋歐陽修曾在平山溏廣植柳樹，人稱「歐公柳」。唐代文成公主嫁

《風水妙趣》

入西藏後,在大昭寺前親植一棵柳樹,後人名之為「唐柳」。明末《聊齋誌異》的作者蒲松齡,在居所泉邊廣栽柳樹,自稱「柳泉居士」。清末名將左宗棠出征西北時,命令軍隊在河西走廊沿途種柳,長達數千裡,後世的人稱為「左公柳」。時至近代,漫畫家豐子愷曾將居所取名為「小柳屋」;著名史學家陳寅恪酷愛柳樹,為自己的書房取名「寒柳堂」,作品編入《寒柳堂集》、流傳後世。

唐柳

上文所說的「唐柳」,源於一段一千三百多年前的通婚典故。唐太宗當年以宗室女文成公主遠嫁吐蕃王為妃。美若天仙的文成公主,不僅帶去稀有國寶——本來供奉在洛陽白馬寺的釋迦牟尼童年鍍金佛像,還用白馬、駱駝運去唐太宗所賜的陰陽五行典籍、工藝技術和醫學等著作。

西藏原無柳樹,文成公主到達拉薩後,將灞橋別離時皇后所賜柳枝,親手植於大昭寺周圍。自此,唐柳根扎高原,不斷繁衍。拉薩數不清的柳樹,尤其是大昭寺唐蕃會盟碑兩側的「唐柳」,現已成為文成公主的化身。

《風水妙趣》

8. 客土疏惡奪魄無氣

路經新界一處建築工地,泥頭車一輛接一輛從別的地方運來泥土,平整地盤。腦際突然浮現風水學詞彙中一個別致名詞——客土。「客土」二字,意指營造宅基或墓地時從外地運來的泥土。此名詞曾一度活躍,但在近世風水書籍上較罕見。

宅基或墓地鋪上客土之後,天氣與地氣互相感應的機會大降。《淮南子》說,地氣為客土所蒙蔽,不能與上天之氣共融相親,無異奪地之魄。

古代的風水家不主張隨便濫用客土,除了上述的「奪魄」說,還有「疏惡」論和「無氣」論。

早在二千五百多年前的孔子時代,就有客土的作業。孔子當時為父母合葬,從外地運載大量泥土到于防,堆積高達四尺的墓基。孔子一生坎坷,懷才不遇,後世頗多風水家深信,與父母墓基錯用退氣客土不無關係。

其後秦始皇下葬動用七十萬民夫以四十年時間營造的驪山,從魚池運取旺地客土,堆砌陵墓的天星,奢望國運萬年興隆,最終秦朝短壽,到秦二世便告土崩瓦解。

漢成帝營造昌陵,採用大批外地客土,也曾發生事與願違的相似結果。昌陵由於選址的地勢太低,需要龐大的泥量加高墓基,於是從遠方運來客土,前後耗費五年時間和無數人力物力,結果

功敗垂成。

《管氏地理指蒙》斷定，這是錯用疏惡的客土所致。「客土疏惡，終不可成。」

至於客土無氣的說法，按古代風水家的理論，外來客土與原地脈的本土格格不入，必定了無生氣。唐代著名風水師浮圖泓替宰相張說的官邸勘測風水後，聲稱客土之氣與地脈不連，一如以毒瘡補皮肉，宰相雖一生富貴，但後人不得善終。此事載於《新唐書·方技傳》。

山陵與小丘

墳墓的高低、大小、厚薄，自春秋晚期起已有等級規定，視乎其人的貴賤和社會地位而定。帝王的陵墓高大如山，稱為山陵；平民百姓僅能造個沒有什麼風水方位可言的土丘而已。

漢代諸侯貴族墓高通常在二丈以上；孔子父母合葬的墓基只可用客土堆高四尺，足見孔子父母地位並非顯赫，當時是依法例規定而行，不能自行營造高大墳墓。

《風水妙趣》

9. 上佳寶地可變大凶

「生死有命，富貴在天」的傳統觀念，雖說早已植入人心，根深蒂固，但歷代很多人仍然渴望求得一塊風水寶地，福蔭子孫後人，延年益壽，永享富貴。證諸現實，看地相宅就是其中一例。

歷來有「風水輪流轉」的說法，十年河東，十年河西，時吉時凶；今天的上佳寶地，日換星移，轉瞬間可能變成大凶。此中事例，不勝枚舉。

孔子出生地曲阜尼山是一個極為明顯的例證。漢代以後，孔子後裔屢獲朝廷封賞，世代安享榮華富貴，風光異常。當時的風水家於是斷定尼山人傑地靈，風水天下第一。

其後的史實證明，尼山風水已經異化，孔子後人歷朝不斷遭逢大小不一的災劫。以明代為例，家族中的孔弘緒於成化年間觸犯死罪，幾經折騰，最終雖然免死，但遭剝奪爵位，被黜為平民。到了清代，孔門第六十四代孫、著名詩詞家孔尚任，受一宗重案牽連，被朝廷革職還鄉。

此外，道教祖師張道陵後裔聚居的信州龍虎山，也是唐宋元三代風水家稱許的福地。唐宋兩代，張道陵的子孫屢受朝廷賞賜，到了元代，封贈更多。進入明朝，龍虎山的風水開始逆轉，道教第四十六代真人張元吉於成化五年因淫暴罪，被充軍邊疆。家族其後逐漸破落，道光初年，連朝覲皇上的特權也被剝奪。

《風水妙趣》

上述史實在《湧幢小品》卷二十五和《癸巳存稿》卷十三都有詳細記載。

風水的異化逆轉，關鍵在於天運和地運的改變，更有人運和年運的因素。按照玄空九宮飛星的三元九運理論，二十年一運。以辰戌向為例，在第七運原屬旺山旺向，進入第八運（2004年立春開始）便變成損丁破財的「上山下水」格。大吉大凶並非永恆不變。

《湧幢小品》

《湧幢小品》是明代一部筆記體著作，共三十二卷，翔實生動記錄了明朝中後期的典章掌故和朝野風貌，敘述頗具條理，很多內容不僅可補正史，而且能據實直書，深刻揭露社會各種弊病，有很高的史料價值。作者朱國禎是萬曆年間進士，官至禮部尚書兼東閣大學士。

《湧幢小品》原名叫《希洪小品》，後築木亭取名湧幢，意指海上湧現出佛家的經幢，形如時事變幻好比曇花一現的意思，書沿其名。最早有明代天啟年間朱氏家刻本。

《風水妙趣》

10. 環境變遷夫妻失和

友人傳來電郵，訴說某新開發區為興建大批新屋，曾經填平水道、移石推丘、斬樹開路。她和丈夫遷入該區的新居第二個星期開始，夫婦關係迅速轉壞，朝夕爭吵、冷戰，往日在舊居時的濃情厚意消失無蹤，而且出現第三者，鄰居也有類似情形。她估計新區風水龍脈已受工程損傷，憂心最終可能導致家變，詢問該區是否不宜久留。

地勢、水流、道路、樹木、宅向、佈局等等因素，無疑都可直接影響區域或房屋的吉凶，這種影響也就是風水家口中的「理氣巒頭感應」。某一區域或房屋即使屬凶，理氣巒頭的感應大概未致於如此快捷，在遷入新居第二個星期就應驗。

清代光緒二年，英國人承建中國第一條鐵路（松滬鐵路）時，沿線鄉民群起反對，聲稱任意鑿山開石，傷害龍脈，形成「病龍」，產生意想不到的禍劫。隨後長時間的事實證明，當時的龐大工程並無禍延後世或損耗地運。

在日常的實際生活中，我們很容易感受周圍環境的影響：面對歡樂的嘉年華會，感到興高采烈、心花怒放；出席喪禮，內心戚然、滿懷悲哀；在幼稚園接觸活潑可愛的童真，心頭的歡愉油然而生。然而，在廣闊的自然空間，人所受的影響是潛在而漸進的，並非迅速而直接，似乎不會在入住第二個星期就立刻感應。

《風水妙趣》

退一步而言,萬一原先的好風水受建屋工程破壞,區內居民只是可能遭逢災厄而已,由於各家各戶的的內外局有別,災厄未必完全相同。

某一家庭定居新環境,夫婦婚姻生活隨後發生異變,和諧漸失,爭吵日多,不再容忍遷就,甚至滋生婚外情,或許源出風水凶煞,但也可能是個人命格、流年運程等等不一而足的多種因素使然。

千年修得共枕眠

佛偈有「百年修得同船渡,千年修得共枕眠」的說詞,共枕同眠的夫妻關係,應該是各種「緣份」中最深厚的一種,只是同船未必同心,共枕難得共鳴。

古代兩部命理學經典著作《三命通會》和《淵海子平》,以頗多筆墨從四柱八字的層面逐一剖析夫妻緣,論證極具權威,至今仍被學者奉為圭臬。

現代有婚姻專家說,形成夫妻緣的各種機遇之中,因「報恩」而結合的雙方最能達致美滿幸福,因為其中一方蘊藏潛在意識,要作出無怨無悔的奉獻。另有專家說,夫妻雙方倘若符合以下三個條件,無論緣份深淺,都可情重恩愛、同諧白首:1.個性共融、2.互相敬重、3.具責任心。

《風水妙趣》

11. 南端極地神奇造化

　　昔日的風水家將「龜頭午」視為陽宅敗局，認為這類宅舍妨主損主，宅運不吉，災厄頻生，經常易主，難以長久安居。時至現代，很多人在選擇房屋時都盡量避免揀選。

　　坐北向南的住宅，倘若大廳處於正南方中間位置向前凸出的部位，即屬「龜頭廳在午地」的龜頭午宅類。該部位是宅舍的火旺所在，宜平整通暢，忌凸顯礙氣。

　　「龜頭午」的名稱，源於洛書一段有關出水神龜的傳說。《黃帝宅經》對此也有論述，斷定龜頭午一類的陽宅「凶亭必易主」。在美加，廳堂設在宅中向南凸出部位的房屋尤其是豪華大宅，可謂屢見不鮮。

　　有一年秋季，相約來加度假的香港報界友人登臨多倫多豪宅區，好奇察看一幢典型龜頭午住宅的外觀，隨後同遊加國南端極地、南安省溫莎東南方地形凸如龜頭的珮利角（Point Pelee），觀賞蝴蝶和禽鳥大遷徙高峰期的壯觀景象。在觀景高台上極目俯眺前方荷花盛放的池塘，只見經此過境短暫棲息的萬千斑蝶環繞沼澤浮橋漫天翻舞，仿似黑雲蔽日；融合了百花清香的鶯啼燕語隨風飄蕩。

　　有學者稱譽該地為北美「鶯都」。每年春秋兩次大遷徙途中在此暫棲的鶯禽和彩蝶多達四百種，吸引無數觀鳥人從四面八方

蜂擁而至。友人驚歎大自然的神奇造化之餘，忍不住戲言笑問：珮利角生態奇觀莫非就是龜頭午「不久居、必易主」效應所致？

珮利角處於加拿大陸地的極南端，半島的長尖角向南延伸，直插伊利湖水域，形成妙不可言的火旺水更旺的水抱格局。友人的戲言無疑頗具創意，從風水角度而言，大遷徙壯觀景象卻非龜頭午效應所致。

陽宅佳局

陽宅敗局的種類很多，「龜頭午」只是其中之一。然而，單以景觀而論，世人眼中的陽宅佳局也不少。

唐代詩人杜牧有詩句謂「九華山路雲遮寺，清弋江村柳拂橋。」可算得上是對居住環境的最佳描述。山、路、雲、寺、江、村、柳、橋，組成了一幅動靜相映、生機勃發的陽宅佳局。

《風水妙趣》

12. 宗師險招殺身之禍

歷來被術數界奉為「風水宗師、相地鼻祖」的晉代著名文學家郭璞，博學多才，尤其精於陰陽五行卜筮之術。南朝名士劉義慶撰寫的《世說新語》記載了一段有關這位《葬書》作者因替人立墓穴而險招殺身之禍的故事。

相傳當時的皇上晉明帝日常對鑽研堪輿也樂此不疲，但自知功力不及郭璞，因此經常微服出行，細察郭璞的操作，從中「偷師」。

有一次，他發現郭璞受聘出外尋龍點穴，竟然將人家的墓穴立在來龍的龍角上，心生詫異，因為堪輿典籍《青烏子相家書》清楚記載：葬龍之角，迅速富貴，但隨後滅族，家散人亡。

晉明帝心想，莫非郭璞與主人家前世結下不共戴天的深仇大恨，不然何以教人將祖先葬立在龍角位置上，害人家將來慘遭滅族大禍？

晉明帝為了探求真相，於是詢問主人家何以立葬龍角。主人說：此乃龍耳，並非龍角。

微服的晉明帝繼續問道：下葬龍耳又如何？

主人家答道：郭璞說下葬龍耳，三年之內「當致天子。」

晉明帝臉色大變。「當致天子」莫非預示三年之內「套我江山，搶我帝位？」於是再次繃着臉皮緊張追問：是否意味後人將

《風水妙趣》

來出皇帝?

主人鑑貌辨色,急忙搖頭。他深知決不能說實話,否則此話傳出去,後果極嚴重,足以連累九族抄斬滅門,因此辯稱「當致天子」不是出天子;真正意思是:下葬龍耳以後,當可引致皇帝駕臨來訪。

以上的記載清晰顯示,一千七百多年前的晉代已經流行「龍角」、「龍耳」等風水術語,而且連皇帝也喜歡深入民間,實地鑽研。

晉明帝機智過人

日常喜歡鑽研堪輿風水晉明帝,謀勇兼備,機智過人,在位僅三年,但平定了王敦之亂,終年只有二十七歲。

史籍載有晉明帝一件有趣逸事。他曾騎馬微服出外,偵察王敦營地,結果被對方發現,遭派五名騎兵追捕。晉明帝逃走時,將所騎馬匹排出的糞便用水浸濕降溫,又拿出七寶鞭交給路旁小食攤的婆婆,請她出示給從後面追來的騎兵。晉明帝走後不久,追兵果然趕至,向婆婆詢問。婆婆於是按照吩咐,取出七寶鞭,佯稱那人已經走得很遠。騎兵們只顧傳玩七寶鞭,而且見馬糞已冷,以為追不及了,都沒有再追,晉明帝因此成功脫身。

《風水妙趣》

13. 宅地掘出油膩土龍

明代文人朱國楨的著作透露，萬曆年間很多風水家相信「土龍」之說，認為宅地蘊蓄土龍，才是吉宅吉地。他在《涌幢小品》卷二十五中提到當時一段往事……

萬曆進士顧憲成（世稱東林先生，與名士趙南星、鄒無標號稱三君），兄弟五人均皆富貴顯達，名重當時。顧家所居大宅，前對膠山，後枕斗山，左右皆水，氣厚而脈清。

有一年，家人在宅地掘土，掘出一件龍形物體，頭角齊全，全身油膩。眾人驚恐異常，慌忙將這件他們稱為「土龍」的物體掩埋。

自從「土龍」暴露見光，所蘊藏的吉祥之氣盡散，顧家吉宅的氣運隨即急轉直下，因而連遭禍劫。先是其中兩兄弟相繼亡故，其後顧憲成被朝廷革職還鄉後主持的東林書院受到突發的各種非難和指責，書院的師生被宦官魏忠賢誣告，慘遭迫害。

朱國楨自謂對土龍之說「未之敢信」。他把顧家的富貴興旺和衰敗破落歸乎天命，認為天、地、人三者都有「定數」；人的旺衰，宅的吉凶，都是天意，強求不得。

朱國楨在《湧幢小品》中說，相同的膠山斗山，一樣的水局氣脈，天意注定顧家興旺，便是吉宅；注定當衰，便是凶宅。朱國楨的結論沒有錯，但只說對了一半。風水寶地受地運影響，不

《風水妙趣》

可能永保大吉。

　　所謂「一命二運三風水」，按照玄空九宮飛星的三元九運理論，大吉大凶的風水並非永遠不變，而是「輪流轉」，時吉時凶；旺山旺向的上佳吉宅，經過日換星移的異化逆轉，就有可能變成損丁破財的大凶宅。

　　「十年河東，十年河西」的演變，牽涉天運、地運、人運和年運的因素。上述顧宅由吉轉凶，可能是地運轉變了。

太歲菌

　　據通訊社報導，甘肅永登縣於1986年，也曾在十公尺深的土層挖出類似物體，形似肉團，長約17公分，粗14公分，一時傳為地方上的大新聞。

　　有關部門曾將該物體送交專家研究，後來經蘭州大學的教授鑑定，那是一種名為太歲菌的菌類。

《風水妙趣》

14. 典籍談風少論水多

眾所周知，風水原是陽居宅地或先人墓地的風向、水流、地脈的統稱。傳統風水學認為，風水的優劣直接呼應生人的吉凶休咎，關鍵在於氣。氣「聚之使不散，行之使有止」；氣「乘風則散，界水則止」，是以稱為風水。事實上，歷代的風水典籍卻是談風少，論水多。

本篇姑且先談風，下篇再論水。

風助萬物四時順變，草木欣榮。先民雖然崇敬風，但內心對風向無好感，認為風是「天之偏氣」，「怒氣所成」，足以毀宅傷人。周武王伐紂，大風折蓋；秦始皇浮江至湘山祠，突遇狂風，無法前行。《史記·天官書》甚至斷言，風一無是處：南風大旱，西南風小旱，東風大水，東南風民有疾疫，歲惡。無風不惡。

典籍中論述的風水八風，以凹風之中的艮向（東北45度）艮風最險惡，因為所在寅宮為箕星即風星，即使該地屬於龍水旺地，所招的艮風亦凶，受者輕則癱顛，重者家破人亡。

夏朝末年，夏桀荒淫無道，不理朝政，只顧吃喝玩樂，聲色犬馬。為求享樂，他不惜動用國庫巨資，在山谷地帶大興土木，營造了一座長夜宮，男女雜處，夜夜笙歌。一天晚上，正當弦歌不絕之際，忽刮烈風，山谷飛沙走石，巍峨的長夜宮瞬間被沙石掩埋。

《風水妙趣》

古人早有明訓：山谷凹陷，形成風口，常吹猛烈凹風，不宜興建房屋或營造墳墓。風水典籍《地理錄要》和《地理考索》都曾再三申述：風口建宅必招禍劫。

先民選址建宅或造墓，都以藏風聚氣作為基本原則，盡量迴避西風、北風、西北風之餘，力求迎納來自東方、南方和東南方的「祥風」。古人首選的宅地，多在山坡的東南面，以山坡作為宅地的西北屏障，阻擋來自西北的烈風。

風角‧八風‧八相

據《後漢書》載，漢代流行一種利用四方四隅之風占算吉凶的術數，名叫「風角」。風角師透過審察天地之風，推算人間禍福妖祥。歷史上曾有劉孝恭著的《風角》十卷傳世。

風水術則以「八風」方向、狀態，連結人事吉凶，判斷宅地安危禍福。相對於風水「八風」，相術又有所謂「觀人八相法」，意指八種各具特色的面相——威、厚、清、古、孤、薄、惡、俗。《神相全編》有頗為詳盡的論述。

《風水妙趣》

15. 風水之法得水為上

　　歷代風水典籍談水的篇章，如天上繁星，多不勝數。風水術重視水，視江河為水龍，水能夠藏風聚氣，「水融注則內氣聚，水飛走則生氣盡。」（詳見蔡元定著《發微論》）因此，人乘生氣才可得享富貴。

　　風水中的水，別稱「外氣」，與「龍」、「穴」、「砂」並立，組成相地術的四大支柱。歷來的風水家深信，水是氣之母，脈氣藉水運行，因水的攔截而止；尋龍點穴須依據水流的盈缺、方向、大小和形態作出印證判斷。在風水家眼中，水勢深聚緩和則吉，激湍沖割為凶。

　　明代學者徐善繼著《人子須知》談到水法時說，水深地方的居民每多富裕；水淺之地則多窮人。他又發現「水聚處民稠密，水散處民多分離。」他的結論從另一角度印證了風水鼻祖郭璞所說的「風水之法，得水為上，藏風次之。」

　　歷代著述論風水之「水」，落墨最多者非「水法」莫屬，隨後依次是：水口、水口砂、水勢、水脈、水星、水城。

　　「水法」是風水家審察水勢藉以確定吉凶的準則，各家各法或有分別，但流水總以繞穴歸聚、平和清澈為大吉。水口意指水流出口；水口砂是指水流出口處兩岸或水中的山；水勢即山坡的波曲，是風水家最重視的五勢之一；水脈就是水道龍脈；水星別

《風水妙趣》

稱文曲星，堪輿五星之一，意指起伏的山峰；圍繞穴山的水流名叫水城。

明代堪輿名家蔣大鴻著有《水龍經》行世，專論風水之水，全書四卷，內容豐富，附加插圖一百八十多幅，讀者目不暇給。作者在書中說：「前逢池沼，富貴之家；後有河兜，榮華之宅。左右環抱有情，堆金積玉。」蔣氏更在書前序中明言：「若知水龍作法，盡大地山河神機在握。」

延年益壽水

東晉時期成書的道教經典《抱朴子》，記載了一件「長壽宅」奇事⋯⋯

臨沅縣有戶廖姓人家，世代長壽，後來舉家他遷，長壽不再，子孫夭折者漸多。新遷入廖家舊宅的一戶人家，竟然同樣得享長壽。當初只知該宅風水利旺壽元，居者延年益壽。後來發現宅地內有一口井，井水呈現紅色，井底泥土中混合豐富的丹沙（古代煉丹用的一種礦物），丹沙溶入井水，長期飲用竟然可享長壽。

中國星占術也有星宿名叫「東井」，簡稱井。《漢書・天文志》所說的主管水事，「為水衡事」，就是指此星宿。

《風水妙趣》

第四章　乾坤有情

1. 陰陽元石天下奇觀
2. 無敵海景群體共識
3. 環抱宅地玉帶有情
4. 如何選擇理想宅地
5. 地靈人傑屢創奇跡
6. 錢袋・二奶・雙親
7. 山明水秀多桃花地
8. 一栽一移改變風水
9. 風水高僧復興古寺
10. 靈石鎮宅與石敢當
11. 苦心護林大義罰親
12. 謀財害命竟獲德報
13. 六尺巷與凶宅怪事
14. 設置圓門兼具吉凶
15. 苗人崇楓視為神樹

《風水妙趣》

4

粵北丹霞山一對隔江遙視的陰陽奇石。

《風水妙趣》

1. 陰陽元石天下奇觀

　　高踞廣東四大名山之首的粵北丹霞山,「色如渥丹,燦若明霞」,形態美、結構美、色彩美、意境美,兼而有之,集雄、險、奇、秀、幽於一身,渾然天成。山中一對隔江遙視的陰陽奇石,為這座享負「嶺南第一奇山」美譽的風景名山增添了無比玄魅。

　　高鐵「和諧號」剛啟用那年,趁應邀北上替一家港資公司勘測新辦公大樓之便,偕同友人自廣州乘搭該高速列車到韶關,再登丹霞,又一次近距離觀賞美名遠播的陽元石和陰元石——當地鄉民眼中玄妙的風水瑰寶。

　　這一對巨型陰陽奇石,與男性陽具和女性陰戶離奇神似,觀者無不目瞪口呆,驚歎大自然的鬼斧神工。

　　陽元石高達二十八公尺,直徑七公尺,拔地而起,傲視蒼穹;至於隱藏於深山密林間的陰元石,高約十公尺,寬五公尺,1998年才被一名入山尋獵的獵人發現,從此暴露於天下。陰元石的陰戶顏色、形狀以至長寬,極似真實女陰,活像按比例放大的解剖模型。

　　當地傳說,婚後長期未育的男子,只要登山觸摸陰元石,妻子很快就會有喜。陽元山前有一個水潭,常有渴求子嗣的男女到來打水,帶回家當催子神水服用。

　　最令人感到不可思議的,是陽元山村的育齡婦女接近八成都

生男丁。有人歸因於山水含有特殊礦物質,改變了性別染色體的組合,也有不少人深信,盛產男丁是陽元石的風水效應所致。

陽元石和陰元石所在位置,直線距離大約五公里。同一山脈上,天造地設的男女性器同時並立,互為呼應,莫非就是道家典籍中隱名為「玄素之方」、「閨丹大法」的房中術的天道垂範?

先民生殖崇拜

「玄素之方」、「閨丹大法」是房中術其中兩個隱晦的別稱,據約略點算,這類別稱異名多達六十多種,其他還有素女道、陰道、房內、御女術、補導術、彭祖術、雙修法、容成之術、黃赤之道、養性交接術、雲雨雙修術。

「玄素之方」起源於遠古先民的生殖崇拜,後來成為古代道家研究房事和袪病延年的衛生之道。道家提倡寡欲少私,但不主張禁欲,只是反對淫欲。《漢書・藝文志》也有類似的論述:「房中者,性情之極,至道之際。……樂而有節,則和平壽考;及迷者弗顧,以生疾而殞性命。」

《風水妙趣》

2. 無敵海景群體共識

　　歷經實踐考驗的風水觀念，時至現代已經深入華人社會各個階層。凝聚了古人環境學智慧的某些傳統選宅「心態」，漸成牢不可破的「群體共識」。港人夢寐以求背山面海、坐享無敵海景的居所，可說正是風水「群體共識」的折射。

　　在陽宅選址方面，歷代風水家有一套基本鐵律：依山傍水，山青水繞。這種山環水抱的居住環境，事實上對於每一個中國人都是理所當然的理想選擇。

　　依據典籍的論述，在平地、山上和丘陵地帶選址建宅，各有不同的相法和規範。山上看龍脈山勢，脈氣為本，砂水為用，氣局雙全才算大吉。丘陵地帶選址，脈氣重於水，講求寬廣平坦，四方拱抱，既無空缺之敗，又可藏風聚氣。平地雖然沒有可見的山勢龍脈，田埂就是風水家眼中的龍脈，土地稍高即為龍。平地觀水，水神重於脈。

　　風水典籍列舉的選址禁忌頗多，不勝枚舉。以下幾點僅是其中一二而已……

　　山上或丘陵地帶的陽宅，不宜建在山脊或山谷出入口，避免雷電山洪引發災難。宅前宜保留寬闊明堂，方便作息、活動。平地住宅不宜建在易招橫禍的十字路口，或不利火災逃生的死胡同（掘頭巷）。面對當門橋或反弓刀的地方均屬凶，也不宜建宅安

《風水妙趣》

居。

　　古往今來，風水長期在中國建築史上居於指導地位。歷代建築物，無論皇宮還是尋常百姓的平房，處處皆見風水痕跡。歷代建築師都期望選取最理想的環境，「必於不傾之地，擇地形之肥饒者」，興建與大自然保持和諧即所謂天人合一的最佳房屋，藉以「得山川靈氣，受日月精華」。

賈寶玉說風水

　　古時文人甚至小說中人，都深明何謂理想的居住環境。《紅樓夢》賈寶玉就是以此「群體共識」的風水標準評論稻香村：「此處置一田莊，分明是人力造作而成，遠無鄰城，近不負郭，依山無脈，臨水無源；高無隱寺之塔，下無通市之橋，峭然孤立，似非大觀。那及此處，得自然之趣呢？雖種竹引泉亦不傷穿鑿。」

　　賈寶玉之言，盡皆風水語調，口中的「依山」、「臨水」，正是今日港人希企的宅居背山面海的風水「群體共識」。

《風水妙趣》

3. 環抱宅地玉帶有情

　　流經陽宅四周的水共有六種：朝水、環水、橫水、斜流水、反飛水和直去水。前三者主吉，後三者主凶。風水家對「朝水」之中的彎曲水流極表重視，有兩個由來已久的原因。第一，中華民族在黃河流域發祥，自古以來即與奔騰的黃水打交道，逐漸認識了水性，因而形成了一套完整的有關彎流的理論。

　　第二，顯然受到傳統人文思想的潛移默化，以所謂「九曲水」為貴，認為河流曲折愈多，聚氣愈厚，主大富大貴。事實上，曲線頗具美感，面對九曲水的自然景觀，平常人也可感受到風景的美態。

　　由於地球的轉向、地勢的起伏、地質的差異等等原因，天然河流都呈現彎曲狀態，形成吉凶方位。

　　昔日的風水家將環抱宅地的彎曲河水稱為「有情水」，列為吉利：「水若屈曲有情，不合星辰亦吉」（見風水古籍《雪心賦》）。《陽宅十書》也說：「門前若有玉帶水，出入代代讀書聲。」古人深信，這類從宅地前面流過的河水，仿如朝廷大官身上的玉帶，主大吉富貴。

　　水的有情（大吉）或無情（主凶）是以凸岸和凹岸的地勢區分——挾帶泥沙的水流在凸岸沉積，形成淺灘，主吉。水流在凹岸不斷沖擊，造成塌方，主凶。長期以來，逐水而居的人都依循

《風水妙趣》

此一吉凶理論捨凶取吉，揀選理想的宅地建造居所。

古時的風水家將直奔而來的流水稱為「反跳水」或「割腳水」。這類「無情水」對於凹岸的陽宅或陰宅，其害最大。因此，風水古籍《都天寶照經》說：「一條直是一條槍。」

古人傾心「有情水」，顯然與長期積累的生活經驗有關，足見風水理論實亦蘊含預防水患的構思。

何方開井

在沒有河溪流經的地方，水井是先民用水的主要來源。水井宜開生旺方，忌關煞方。

古時的風水家認為，生旺方開井，容易致富、升官、生育聰明後代。井開關煞凶方，容易招災、患怪疾、出不肖子孫。

羅盤顯示的十天干方位（甲、乙、丙、丁……），均屬大吉。十二地支方位（子、丑、寅、卯……）則不宜開井。如以八卦定位，巽方和坤方開井大吉大利；乾方、坎方和離方則屬凶。

《風水妙趣》

4. 如何選擇理想宅地

一位有意購地建屋、聲稱「缺乏基本風水常識,更不懂操作羅盤」的朋友,垂詢如何自行揀選理想的風水宅地。此問題牽涉頗多的巒頭和理氣因素,非三言兩語所能解答,但有幾個明確的指引可供參考。

以古人陽宅分類中的井邑宅即城鎮住宅而論,依據當初從黃赤二道二十八星宿歸納的風水四象——左青龍、右白虎、前朱雀、後玄武的環境狀態揀選,應可選得外局環境理想的宅地。

據《宅舍秘笈》、《宅譜修方》、《陽宅會心集》提供的指引,理想宅地至少具備以下幾個吉相:地形方正、不犯形煞、前低後高、前有吉水、後有靠山、明堂寬闊、龍強虎弱,呈現藏風聚氣的環抱狀態。

地形以方正為吉,忌三角、缺角、尖角或呈不規則形狀。四周無路沖、反弓、割腳水、高架電塔等嚴重形煞的沖剋。前低後高、後有靠山、負陰抱陽、古稱「晉土」的宅地地勢,可使建築物得到良好的排水和通風條件。

宅前明堂最宜有吉水(緩慢流動的有情曲水)流經,這種明堂水有利聚氣納財。現代很多大型建築物無緣面向湖海江流,欠缺天然活水,都在明堂位置建水池噴泉。

宅地之前宜寬闊,有前案遠景而無斷崖峭壁,亦宜面對綠草

《風水妙趣》

如茵的大球場。倘若以樹木、山丘和房屋衡量,左邊青龍方應高於或大於右邊白虎方,才算龍強虎弱。

　　背山面水,樹影清流,水光山色,雲彩溪聲,山青水碧美如畫,綠樹成蔭一片青翠,四周又有遠山環繞,如此坐享自然清趣的風景地,多是人傑地靈的風水地,也應該是理想的居住環境。不懂風水的人,選擇這類宅地建屋,雖不中亦不遠矣。如果四周荒地禿丘,亂石雜陳,草木不生,無論如何不能算是好風水。

《宅舍秘笈》

　　根據古籍《宅舍秘笈》的理論,風水寶地該是這樣一幅景象:玄武垂頭,朱雀翔舞,青龍蜿蜒,白虎馴俯,也就是背依綿延的群山,朝山拱揖相迎,河水蜿蜒曲折在前面環繞流過,兩側有重重山脈遮掩拱衛。

　　按照這種風水格局選址建成的房屋、村落、城市,背山面水,山環水抱;山顧盼有情,水曲折有致。其中的對稱構成均衡,開敞中有其遮蔽,暴露和含蓄相輔相成。早期來華的西方傳教士雖視風水為巫術邪說,但目睹中國村落、城市與自然之間的優美、和諧,他們不得不驚歎中國人內在的詩情畫意。

《風水妙趣》

5. 地靈人傑屢創奇跡

　　生於清末民初的一位吳姓風水大師，在香港考察過港九新界的地理山勢後，印證風水古籍《撼龍經》理論，預言「此是海門南脈胳，貨財文武交相錯。將握經濟重權而造成工業王國者出焉。」大師認為，凡是半島處，流水回旋三面，山陸毗連一方，兼得貪巨武三吉之秀，湊合地靈，定必人傑輩出。

　　此預言其後確已一一應驗。即使在鄰近地區遭遇嚴重「自然災害」的那段最艱苦歲月，港人也已遠離「夏日抱長飢，寒夜無被眠」、「朝餐是草根，暮食仍木皮」的赤貧境況，進而全力徵逐金錢財富。

　　香港的年輕人奉行「供屋仔，買車仔，娶老婆仔，生細蚊仔」的四仔主義；個人功利意識膨脹的結果，產生了不少正面效應：行事奮發拼搏，思維敏捷靈活，待人通權達變，工作效率奇高。香港於是在這個平台上向前飛躍，創造了一個又一個奇跡。

　　上述吳姓風水大師從湊合地靈，預言享有三吉之秀的狹小香港「定必人傑輩出」，可謂洞察奇準。歷來榮獲諾貝爾獎的十位華裔得獎者之中，至少有兩位年輕時曾在香港接受教育，後來才負笈海外深造。

　　香港富豪榜中的一百人，剔除繼承父蔭的一群，大部分都是六十年代偷渡潮期間南來的「亞燦」。他們初無一技之長，饔餐

《風水妙趣》

不繼,在這塊鍾靈毓秀的「海門南脈胳」風水福地奮力拚搏,最終時來運到,成為出類拔萃的一族,攀上了風光無限的財富頂峰。

　　以人口比例計算,香港白手興家的超級富豪無論數量和財富總額,都冠於全球;在人均外匯持有量等等經濟金融多個領域,彈丸之地的香港同樣名列前茅;百歲以上人瑞多達700餘名,在人口中所佔比率之高,全球排名第三;香港更是世界第一個擁有全數碼電話網絡的大城市;寬頻滲透率也遙遙領先歐美。成就輝煌,決非偶然。地靈人傑的獨特風水效應應記一功。

《撼龍經》

　　風水古籍《撼龍經》是唐代楊筠松撰寫的堪輿術書,專論山龍脈絡形勢,分貪狼、巨門、祿存、文曲、廉貞、武曲、破軍、左輔、右弼等九星,逐一論述。

　　後世相地術家習用的通行本《撼龍經》,與《疑龍經》和《葬法倒杖》合為一冊。

《風水妙趣》

6. 錢袋　二奶　雙親

　　人的行為往往受潛在的倫理意識影響。眾所周知，猶太人善於經營，法國人浪漫多情，中國人孝順父母。職是之故，倫理學家經常引用一個由來已久的笑話作注腳：某大樓突然起火，住在裡面的諸色人等倉忙奔逃。猶太人一馬當先，手握錢袋奪門而出；法國人緊抱情人跟隨其後，跑出火場；中國人則不顧本身安危，置自己生死於度外，在熊熊烈焰中尋覓雙親。

　　內地改革開放後，港人湧入投資設廠，包養「二奶」的風氣開始浮現。有一年，在眾友的一次新春聚會上，觥籌交錯之際，席間有好謔者為上述笑話添加了一條令人發噱的尾巴：起火大樓內的香港人手握錢袋，緊抱二奶，攙扶父母逃離火場。

　　香港人確是獨特社會土壤和獨特文化氣候孕育的一個與別不同的族群，因時際會，得以揉合粵人的勤奮機靈、滬人的長袖善舞、英人的老謀深算；既有極端化的功利傾向和風流品性，也有孝親的傳統德行，更具行善義無反顧、歷來慈善捐款屢創世界新紀錄的助人精神。

　　從另一角度觀察，香港的獨特未嘗不是特殊的地理環境彰顯的風水效應所致。

　　起自內陸的主幹龍脈南下經新界，化成九組支幹龍脈蜿蜒而下，盤桓於山環水抱的九龍半島。其中一脈潛水入海，登陸後直

《風水妙趣》

沖往上，凝聚太平山，再分二脈，行龍降勢，造就港島的「雙獅戲球」格，遙相呼應大嶼山的「鳳凰歸巢」局，恰與九龍半島配置成為一個世所罕見、陰陽合交的風水福地。

香港如此獨特的風水結構，締造獨特的人文風貌，進而產生世所罕見的「手握錢袋，緊抱二奶，攙扶父母逃離火場」的獨特現象，實在不足為奇。

迴龍顧祖

另有名家判斷，香港屬於風水上典型的「迴龍顧祖」格，因而成為獨特的福地。龍是指「行龍」，祖是指「祖山」。由內陸的祖山開帳出脈，千里蜿蜓行龍，至此「龍真穴的」結穴，再以180度轉向「迴龍」，仰首顧盼內陸祖山。

「迴龍顧祖」是行龍結穴的一種特殊方式，特徵是「龍脈翻身逆轉，回身以祖山為遠朝」。

《風水妙趣》

7. 山明水秀多桃花地

頗多男士渴望「行桃花運」，飛來艷福，左擁右抱。然而，桃花運並非人人可行，即使命帶桃花（生辰八字出現桃花的神煞），也得視乎命局的配合，可吉可凶。好色多淫的人，若犯桃花，可能交惡運，變成桃花劫。

命帶桃花的男女，通常較容易吸引異性。從命理學而言，桃花計有牆外桃花、牆內桃花、裸體桃花、咸池桃花、沐浴桃花、遍野桃花、滾浪桃花、倒插桃花，又有所謂紅艷煞和桃花馬等十多種。

上述諸色桃花是否「入命」，完全視乎命局而定。以「遍野桃花」為例，倘若某人的出生年月日時剛好具備十二地支中的子、午、卯、酉四個字，又或者四柱八字之中任何兩柱，與流年的地支和大運的地支湊合成子、午、卯、酉四個字，都屬於遍野桃花。

命屬遍野桃花的人，通常風流好色，富貴安逸，較之命犯紅艷煞的人，當然不可同日而語。流年遇紅艷煞或命帶紅艷煞，主婚姻不諧，感情多波折；若是「甲乙見午庚見戌」，女命很可能「花前月下也偷期」，甚至「世間只是眾人妻」或是「祿馬相逢作路妓」。從傳統命理學的角度而言，命帶紅艷煞的人算是「苦命人」。

傳統的風水術向來有所謂「桃花地」的論斷，倘若選址不當，

誤將先人遺骸葬在該等凶地，家族便會繁衍沉迷女色、奸邪貪淫、嫖賭散財的子孫後代。桃花地散發的煞氣，在風水古籍上又稱咸池煞或敗神煞。

昔日的風水家說，越是山明水秀的地方，越多桃花地。人居的陽宅也有桃花地，那就是羅盤二十四向中的子、午、卯、酉。此外，倘若宅形犯忌，偏巧大門又開在「七赤」破軍星的方位，在宅運衰落的年份，也會交惡運，招致桃花煞甚至桃花劫。

夫婦倘若發覺身處宅中桃花地而出現同床異夢、不安於室的現象，很可能是催動了桃花，應該立刻換房或移床，避開桃花劫煞。

「紅豔煞」

「紅豔煞」是命理學名詞，以出生年的天干，對應地支推算。《三命通會・總論諸神煞》說：「紅豔煞，女命最忌之。」列為「多薄命」。命帶「紅豔煞」的女性多濫淫、少貞節，未必豔如桃李，但多情多欲。

古訣謂：「多情多欲少人知，六丙逢寅辛見雞。癸臨申上丁見未，眉開眼笑樂嬉嬉。甲乙午申庚見戌，世間只是衆人妻。戊己怕辰壬怕子，祿馬相逢作路妓。任是富家官宦女，花前月下也偷期。」

《風水妙趣》

8. 一栽一移改變風水

在屋前或屋後栽種植物，歷來各有風水上的禁忌，不能胡來。有些禁忌原來牽涉深層的科學理據。手頭上一本北京1984年出版的《知識畫報》，載有一則關於誤種植物的風水趣事……

磨盤山下從前有個大財主，忽發雅興，在新蓋的大宅前院栽種了桂花、葡萄、蘋果、核桃等樹木；又在後院栽植了松、柏和接骨木。

有一天，村裡來了一個懂風水的遊方道士。大財主於是延聘他回家替新居看風水。道士經過一番勘測，斷言該宅風水不佳，必定「先妨院中樹，後妨家中主。」

後來的事態發展確實如此，前後院栽種的植物居然都不能正常生長……桂花葉落，松針枯黃，葡萄不開花，蘋果不結果，院子裡一片荒涼死寂。大財主深恐「後妨家中主」，不敢久留，立刻帶著家眷遷走。大宅無人敢買，只好棄置。

其後有個腳部受傷的砍柴樵夫路過，找尋地方養傷，聽說該宅無人敢住，於是住了進去。在養傷期間，他把前後院的樹木重新栽植，桂花移到後院，松樹和柏樹移植宅前，核桃和接骨木遷出高牆外面。

到了第二年，葡萄和蘋果結出豐碩的果實，桂花重新散發芳香，松柏、核桃和接骨木都異常繁茂。村人都不明白原因，為何

《風水妙趣》

一栽一移,就能改變風水,不再「妨院中樹」。

　　從科學而言,樹木身上散發的分泌物會透過空氣和水分傳給別的樹木。這些分泌物對某些植物有利,對其他植物則不利。如果胡亂種植,可能是樹幹枯,枝葉落。

　　上述大財主正是胡亂種植。葡萄的分泌物不利桂花,反之亦然。核桃分泌物沖剋蘋果;接骨木的氣味足以使茂盛的松柏枝黃葉落,漸趨枯萎。

桑樹干擾宅運

　　家居周圍的樹木,對宅中人的生活構成重大影響。晉代成書的《搜神記》曾提到有個名叫鮑瑗的人,家貧多病,屢醫無效,於是請術士為他占卜。術士告訴他,他家東北有棵大桑樹,嚴重干擾宅運,是造成貧困多病的主因。

　　桑樹其實是益樹的一種,養蠶吐絲,織造綾羅,都需要桑樹。北魏實行均田制時,曾經強制民間廣植桑樹。然而,民間視桑為「喪」,意頭不吉,幾千年來都忌諱在宅前種桑。

《風水妙趣》

9. 風水高僧復興古寺

中國人大都抱持入世觀念，依戀世界樂趣，對於人生，懷有一套完整的實用哲學。據此而論，這樣的民族性，與源自印度的佛教出世觀最相牴牾。然而，千百年來，佛教思想深入中國人的心靈，這不能不歸功於生於唐代的禪宗六祖慧能。

慧能弘法，不著言語，不立文字，直指本心，上接儒道思想，下開宋明理學，印度佛教於是在中土搖身一變而成為典型的中國主流佛教。慧能標榜「佛向性中作，莫向身外求」的「佛求諸己」的旨趣，確曾促進了佛教的弘揚。

在距離丹霞山陰陽元石咫尺之遙的曹溪溪畔，屹立著慧能一千三百多年前講法弘道的一座風水古剎——有「嶺南第一寶剎」美譽的南華寺。這是佛教禪宗的祖庭，慧能就是在該寺創立禪宗，為中國主流佛教奠定了不朽磐石。

南華寺始建於一千五百年前，自六祖之後，盛衰交替。時至明代，日漸荒廢，頹敗畢呈，一片蕭條景象。其後雖屢經重修，直至民國初年，仍然是清規鬆弛，門庭冷落。

民初四大高僧之一、風水造詣不淺的虛雲和尚，出任住持後，按照傳統風水術以中軸線為骨幹，重新佈局，修正南華寺坐向，朝向曹溪，背靠象嶺，在一萬二千平方公尺的寺址上施行脫胎換骨的大改建。

《風水妙趣》

　　重建落成的南華寺迅速復興，七十年來香火鼎盛，善信絡繹不絕。當日偕同友人從丹霞下山，移步至此，舊地重遊，只見旺象依然。

　　虛雲和尚一百二十歲高壽圓寂之前親撰的《重興南華寺記》，詳述舊寺外局反弓刀煞、背水無靠、崗丘無蔽、穢跡寓目、白虎捶胸等風水五忌以及他擬定的修正，語出有據，言之成理。洋溢於字裡行間的深厚風水功力，為退氣的禪宗祖庭注入了強勁的生機。

五百羅漢像

　　始建於一千五百年前的南華寺，最為各方善男信女津津樂道的是寺內木雕五百羅漢造像。這些木羅漢是世界上現存唯一的宋代木雕五百羅漢群像。

　　虛雲和尚1936年首次按風水格局重修南華寺時，將大部分木雕羅漢藏在大雄寶殿三尊高達15公尺大佛的腹中，直到1963年才無意中被發現。現存360尊，其中被火燒毀的133尊於清代補刻。有154尊羅漢像上刻有銘文，顯示這五百羅漢像雕於一千年前的北宋仁宗慶歷年間。這些羅漢造像形態自然，變化多樣，生動傳神，雕工精細，具有極高的藝術研究價值，是珍貴的歷史文物。

《風水妙趣》

10. 靈石鎮宅與石敢當

偶翻《中國第一批非物質文化遺產名錄》，無意中發現「泰山石敢當」習俗名列其中。有專家認為，這類傳統上用於鎮宅、辟邪、化煞的石頭反映的是吉祥平安文化。

泰山石敢當原稱石敢當，是民間最常見、最簡便的「靈石鎮宅法」的風水靈石。二千多年前的商周時期，民間流行在宅基下埋石辟邪。西漢時代，埋石演變成立石，每當房屋或其大門受道路、橋樑、屋角沖射，就在正對的位置立石，上刻「石敢當」鎮壓不祥，「敢當」凶煞。

發展至唐代，石敢當的功用擴大至驅風、防水、辟邪、止煞、消災，以及祈求「官吏福、百姓康、禮樂昌」。時至現代，石敢當仍廣泛流行，通常立於丁字路口面對路沖的凶位牆上，或者河岸、橋頭、村落入口等地方。

在粵、閩沿海和台灣等地，石敢當呈現浮雕和球狀等多樣化造型，已非僅是一方石板而已。台灣人更視之為平安象徵，稱為「無聲保鏢」。有一年到高雄公幹，友人相約同遊澎湖。原來島上的石敢當數量極多，路口、海旁、公園、山頂、民居庭院……舉目皆見。

石敢當自明代開始，在山東與東嶽泰山結緣，變成「泰山石敢當」，更具「一夫當關萬夫莫敵」的鎮懾氣勢，此後逐漸流傳

《風水妙趣》

至全國各地和東南亞一帶。今天在日本、泰國、星馬等地旅遊，常可在街上看到「泰山石敢當」石碑。

《廣州日報》曾報導，天安門廣場人民英雄紀念碑和人民大會堂的奠基石以至幾年前北京駐美大使館新館奠基的基石，都是採自泰山。現代的大型建築物採用奠基石，舉行奠基禮，可說是靈石鎮宅和泰山石敢當習俗的延續。

泰山壓頂

風水術語中有所謂「泰山壓頂」，意指自己身處的樓房低矮，受到周圍高樓大廈甚至高山壓制。

按照風水口訣「泰山壓頂難生長，陰陽怪氣奇事多，從商為官多反目，計較一生終無成。」的判斷，這種狀態容易造成「運勢難伸」的效應，避之則吉。

位於山東的泰山是中國的第一名山，有「中華國山」、「天下第一山」等美譽，自然景觀雄偉高大，有數千年精神文化的滲透和渲染以及人文景觀的烘托。數千年來，先後有十二位皇帝登上泰山封禪。孔子留下了「登泰山而小天下」的讚歎，杜甫則留下了「會當凌絕頂，一覽眾山小」的千古絕唱。

《風水妙趣》

11. 苦心護林大義罰親

　　華南地區很多鄉村，都有一個常見的共同地標——依山而植的風水林。高大喬木和較矮小灌木，在村後的靠山形成綠色屏障。位處新界東北邊境的荔枝窩和上禾坑一帶，至今仍保留大面積、完全未受人為干擾的傳統風水林。最近應友人之約，一同乘船循水路經印洲塘前往荔枝窩探索，耳目一新。

　　荔枝窩一百多年前建村時，本是僻壤中的窮鄉，後來按風水高人指點，興建了聚氣化煞的圍牆，呼應村後的風水林，此後村運迅速改善，豪傑輩出。村中至今仍沿用百年老例，村民只可在特定日子入林打柴，違者罰款。

　　各地鄉村保護村後風水林，可謂不遺餘力。乾隆年間粵東有位村中族長曾訂立鄉規，凡擅自砍伐風水林者，初犯罰一台戲，再犯遊街示眾。該位族長的媳婦其後入林砍了一棵小樹，鄉民目睹此事，議論紛紛。族長為此親向鄉民賠禮道歉，並加倍重罰媳婦聘演兩台大戲。鄉民眼見族長執法嚴峻、大義罰親，此後都不敢以身試法，風水林從而得以長期保持翠綠繁茂。原來這是族長護林心切而苦心安排的動作，先刻意讓媳婦入林砍樹，再藉賠禮道歉和加倍重罰樹立表樣。

　　荔枝窩風水林的植物中有藥用價值極高的土沉香，曾有內地賊人帶同電鋸摸黑乘船掩至，偷砍每公斤市價逾萬港元、分泌黑

《風水妙趣》

色樹脂的土沉香樹幹，運返大陸圖利。

　　風水林不僅展示獨特的人文和生態面貌，還具有微妙的改善氣候的效應：緩和颱風吹襲、降低夏日驕陽高溫、阻擋冬季北來寒風，進而防止暴雨引發山泥傾瀉。

　　清初學者屈大均的《廣東新語》，稱許寺觀風水林營造了大利修持的清幽環境。六朝以後，各地僧侶道徒受風水意識影響，認為這些林木關乎寺院龍脈，對於風水林都另眼相看。

《廣東新語》

　　《廣東新語》有多處談到風水。作者屈大均，是明末清初著名學者、詩人，有「廣東徐霞客」的美稱。一向反清的屈大均67歲時在故里辭世。為了避免清廷糟蹋，他的家人不敢為他立墓碑。

　　屈大均去世七十八年後，清廷以「托名勝國，妄肆狂狺，其人實不足取，其書亦不可復存」為理由，將他所有著作列為必須焚毀的禁書，他兩個不識字的孫子也受牽連，被「從寬」處斬，並且下令要對屈氏「發棺戳屍」，幸好鄉民仗義掩護，才沒有找到他的墳墓。

《風水妙趣》

12. 謀財害命竟獲德報

　　清人筆記論述風水奇局，提到「倒騎白虎格」可化凶為吉，具有「小人惡行化為貴人恩典」的效應，妙不可言。有一年在香港應聘經澳門赴江門公幹，耳聞一則惡行變恩典、最終以德報怨的往事，發人深省……

　　在江門經營油糖雜貨批發的一家商號，據稱早年經高人指點，按「倒騎白虎格」佈局建造，風水極佳。1949年底的廣東，國共內戰持續，時局動盪。店中少東當時奉老父之命，帶同一名伙計下鄉巡迴收帳。事畢帶備收取的大筆銀兩乘搭內河夜船回程。

　　月黑風高的寒夜，伙計提議少東一同步出船尾觀星。兩人憑欄仰望夜空之際，少東突被伙計從後猛力一推，墮入滔滔急流中，迅即失去蹤影。伙計事後私吞少東行囊中全部銀兩返回老家，趁著兵荒馬亂田地貶值的機會，大舉買田置產。不出兩年，新政府大刀闊斧推行土改，該名坐擁大量田地的伙計被列為「地主」，遭受殘酷清算，罰跪玻璃碎。其後多年的政治運動，他都無可避免成為批鬥對象——所謂「運動員」，苦不堪言。

　　那邊廂，墮河少東命不該絕，拚命掙扎，游至岸邊。天色微明中，看到一群人向着一個方向匆匆趕路。他立刻趨前，緊跟大隊往前走，一路上以野菜充飢。這群人原來是逃避戰亂的難民，連日來攀山涉水，終於越過深圳河進入港境。少東後來經教會慈

《風水妙趣》

善機構協助申請，獲批准以難民身份赴美。

少東在紐約白手興家，五十多年後成了三家大型餐館的老闆，晚年兒孫滿堂，生活安逸，忽思回鄉向當年謀財害命的伙計報恩。兇手最初還以為少東要報仇，聞風先遁，不敢露面，後經傳話人再三保證，終於出席飯局，接受少東親贈的十萬美元紅包。

如果沒有小人的陷害，少東可能不會離鄉別井遠適異地從而興家立業；在家鄉跪玻璃碎、當「運動員」的必定是他自己。以此觀之，惡行化為恩典，小人其實也就是貴人。

「倒騎龍」格

「倒騎白虎格」之外，風水典籍論述的例騎格局另有例騎龍、倒騎青騾、例騎白鶴等等。所謂「倒騎龍」格，即前方有山，背後有水，也就是坐空朝滿。與此格局相反的是「順龍格」，即前方有水，後有靠山，也就是坐實朝空。

常有人以香港匯豐銀行總行大廈坐向為例，評論風水。該大廈的官方登記地址是皇后大道中1號，正門在面向太平山，背向維多利亞港的水局，是典型的倒騎龍格。倒騎龍格須有類似這種前高後低的地勢配合，再加形巒合局的「到山到向」，才可彰顯大旺才丁的效應，否則難言大吉。

《風水妙趣》

13. 六尺巷與凶宅怪事

　　官居禮部尚書的康熙名臣張英，有一天接到家鄉桐城親人寄來的告急家書，訴說老家府第在整修時，因宅基地界不清，與鄰居吳家發生爭議，雙方相持不下，最終對簿公堂。親人在信中要求張英利用權勢官威，向主審案件的地方官施壓，判張家勝訴。

　　張英隨即寫了一首詩，差遣專人送回家鄉：「千里修書只為牆，讓他三尺又何妨。萬里長城今猶在，不見當年秦始皇。」家人知悉張英的心意，於是主動退讓三尺建牆。鄰居吳家大受感動，也後退三尺興建圍牆。張吳兩家的院牆之間遂出現了一條寬達六尺的巷道。這條六尺巷至今尚在，經重修後成了桐城舊區的旅遊景點。張家當年僅是捨棄了祖傳的幾尺宅地，卻換來皇上嘉許、鄰里和睦以及千古流芳的謙讓美名。

　　反觀南宋皇親趙邦材，為了營造巨宅，自恃宗室皇族，橫行鄉曲，巧取豪奪，竟罔顧國法鄉規，大肆砍伐山林樹木，連佛寺廟祠的林木和鄉民的墓樹都不放過，以致天怒民怨，最終換來的則是時人談論不休的風水凶宅。

　　據宋人洪邁的《夷堅志》記述，趙家巨宅落成後，離奇怪事接二連三出現，宅中主僕人心惶惶。

　　入伙當日，趙邦材大排筵席，縣官親備厚禮登門祝賀。席間賓主舉杯準備暢飲之際，發覺杯中美酒頓變惡臭難聞的污水。主

《風水妙趣》

人大惑不解，立刻更換一壺，新酒仍是如此。眾人無奈，掩鼻四散。

趙家後來又發現，廚房本已烹調妥當的食物全部變成糞便。趙邦材自忖新宅發生的連串怪事，必定是建屋時自己惡行殃及陰魂，才招致報復，因而終日心驚肉跳，不久憂懼喪生；簇新巨宅變成無人膽敢繼續居住的凶宅。

地得其主

南宋成書的筆記小說集《夷堅志》，是作者洪邁所經歷的宋代社會生活、宗教文化、倫理道德、民情風俗的真實寫照。《夷堅志》又是宋代志怪小說發展到頂峰的產物，是自《搜神記》以來中國小說發展史上的又一高峰，對後世影響很深遠。

《夷志堅》說，風水寶地並非人人可享，土地各有其主。書中提到福建莆田一塊風水寶地，有個名叫富民的人將先人下葬該處後，子孫都病了。後來請來風水師勘測，隨後按照風水師指示，立刻賣地遷墓，子孫的病果然不藥而愈。該塊寶地的新主人購入後，一家人不僅沒病，還當上了宰相。《夷志堅》說，這是地得其主。

《風水妙趣》

14. 設置圓門可吉可凶

　　一年容易又中秋。清秋多晴，長空如碧，夜間明鏡高懸，份外清朗皎潔，正是賞月好時刻。「一年好月在中秋」、「此夜中秋月，清光十萬家」、「八月十五夜，月色隨處好」，中秋月色固佳，經過騷人墨客的妙筆錘煉，境界更加盪氣迴腸。

　　自古以來，月亮的盈虧圓缺在很大程度上影響人類的日常生活。中國人行之已久的陰曆，就是以月亮的朔日望日為標準，每月以月亮的盈虧周期作為計算依據。由月球引力導致的潮汐漲退，早已成為古代風水家相地選址時一個重要的考慮環節。

　　相對於太陽而言，月亮屬陰，因而又名「太陰」。在實際操作上，古代的風水家向來以月陰為佈局的根據。最顯著的一個事例，是「月亮門」。

　　按照傳統的風水理論，圓形的月亮門可吉可凶，安置恰當則吉，有利於納福進財、加冠晉爵。富貴人家和官宦之家的大宅、庭園，尤其是陽光普照、陽氣充沛的後花園，最宜設置月亮門。至於普通人家的狹小宅舍，以其陰氣偏重，則不宜設置，以免弄巧反拙，化吉為凶。

　　無論大宅或一般民居，歷來極少人在宅內設置月亮門，大宅的書房是唯一的例外。大宅書房設置月亮門，仍須配合以下三大原則：一．所在方位氣場較強；二．經由窗戶進入書房內的陽光

較多;三.書房主人的生辰八字可以配合。以傳統的吉凶觀衡量,若無特別需要,宅內宜盡量避免設置月亮門。

銀蟾秋色,最易助長遐思。月亮歷來流傳不少充滿濃厚傳奇色彩的神話故事。在「滿地碧雲如水流、小庭月色正中秋」的晚上,無論如何,透過「月亮門」遙望的中秋夜月,一定不會是「尋常一樣窗前月」。

太陰星

根據紫微斗數理論,太陰星喜坐福德宮、田宅宮及財帛宮。在福德宮,主人注重精神享受,性格溫和,多以琴棋書畫等藝怡養性情;在田宅宮,主能得祖業田產,能儲財,大利投資地產;在財帛宮,主財源穩定,破耗少,屬富貴格。

太陰喜夜生,喜立命於申酉戌亥子丑地,喜上弦月出生、十五月圓之夜更佳,下弦月生較為平凡,八月中秋所生最佳。太陰入命,若格局組合良好,多為富造,一生擁有良好的物業運。男命太陰入命,性格比較感性溫柔,有潔僻,注重家庭,異性緣重。

《風水妙趣》

15. 苗人崇楓視為神樹

正是「停車坐愛楓林晚，霜葉紅於二月花」的時節，楓林美景，色彩繽紛，如詩似畫。此時此地，花樹秋聲，草木寒色，碧雲天，黃葉地，金風連波，郊遊賞楓確乎一樂。有人偏愛「蕭蕭遠樹疏林外，一半秋山帶夕陽」的景象，也有人獨好「山明水淨夜來霜，數樹深紅出淺黃」的顏容。無論如何，滿林紅葉舞秋風的美態，總是令人份外迷醉。

據現存的最古老方誌《山海經》記載，楓樹是蚩尤當年在激戰的山頭所棄置的戰械轉化而成。另一名著《軒轅本戀》也有相關記述。

歷來以蚩尤為始祖的苗人，土語楓樹與風水同音，因而崇拜楓樹的現象極之普遍。他們在村口、塘邊都栽種了這種風水樹，寓意戰神蚩尤守護村宅，以保人丁平安。「村村皆楓，無楓不在」的崇楓現象，既是敬仰英雄的表現，也是篤信風水的反映。

全球各地的楓樹品種逾二百，楓葉國加拿大舉目皆見的糖楓，雖與中國西南邊陲地區苗族族人視為風水樹的神楓同屬一個大家族，但樹幹和葉狀大同之中有小異。

除了苗族聚居地區，在湖北境內各地尤其是東南部一帶，楓樹以其水土易服、生命力旺盛蓬勃的特點，也受到廣泛的尊崇，獲享吉祥樹、風水樹的美名地位。

《風水妙趣》

民間傳統的吉祥畫常以楓樹、鵪鶉和菊花並列,「鵪」和「安」國語同音;「菊」和「居」諧音,寓意安居;楓樹秋天落葉,「落葉」和「樂業」諧音。鵪、菊、落葉寓意安居樂業,安所居,樂從業。

謎語中有「旁立老公,楓樹無風」,謎底是一個「松」字。漫步楓林,常見昂首屹立的松樹獨處群楓之間。命理學上將孤芳自賞、擇善固執的命格稱作「松樹命」。天生萬物,確乎氣機相應。秋日游目四顧,紅色楓、翠色松,盡收眼底;美在眸目中,美在方寸間。

人食笑不止

楓葉與人的手掌大小相近,葉柄細長,稍有輕風,葉片便會搖曳不定,互相摩擦發出響聲,給人以招風應風的印象,因此得名「楓樹」。

楓樹在醫藥上功用廣泛。李時珍《本草綱目》說,楓樹「辛平無毒,主治風癢、浮腫、齒痛、癰疽、痤瘡、咯血、水腫、水痢、霍亂諸症。」還有活血生肌,止痛解毒的功效。此外,樹上所生的木耳,「人食笑不止」。

《風水妙趣》

第五章　神妙法器

1. 葫蘆招財化煞旺宅
2. 吞吃邪靈吸納財富
3. 實水・虛水・象汲水
4. 渴求子嗣供奉麒麟
5. 天池水可化解三煞
6. 文財神與武財神
7. 安忍水化流年病星
8. 如何催旺流年財星
9. 催旺姻緣與招鬼魂
10. 龍龜迎福辟邪保安
11. 水晶靈氣加強能量
12. 五色豆催旺貴人運
13. 四人幫與人生三絕
14. 正針・縫針・中針

《風水妙趣》

5

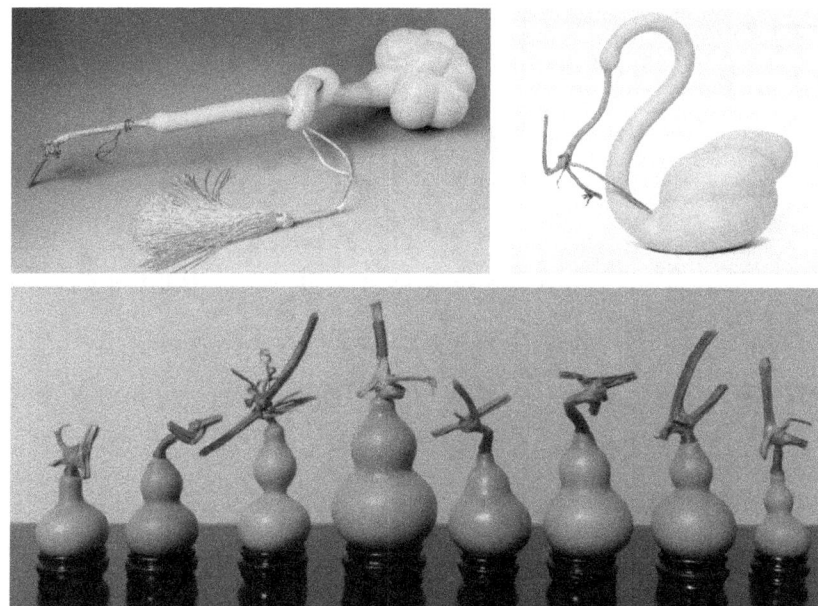

歷代風水家視葫蘆為利宅辟邪的法器妙品，
經常用於家宅風水佈局。

《風水妙趣》

1. 葫蘆招財化煞旺宅

秦朝時，孟家種了一棵葫蘆樹，瓜籐順牆伸展至鄰居姜家，瓜熟後兩家人一同剖開，裡面有個白胖的小姑娘，於是就以兩家姓氏給她起名孟姜女。葫蘆孕育的孟姜女長大後的一段奇緣，傳誦千古，名登古代四大愛情傳奇榜。

古代還有一個怪異傳說與葫蘆有關。一個名叫費長房的人在酒家喝酒，見一賣藥老翁休息時，跳入掛在牆上的葫蘆內。費長房覺得不可思議，後來買了酒肉拜見老翁。老翁領著費長房一起跳入葫蘆中，裡面別有廣闊天地，如同仙境。費長房於是拜老翁為師學習醫術，成了一代名醫，後世遂以「懸壺」作為行醫的代稱。俗語「葫蘆裡賣的什麼藥」就是源出於此。事見《後漢書·方術列傳》。

神話故事中的九天玄女，佛教典籍上的藥師佛如來，以至壽星南極仙翁、八仙之一的鐵拐李、濟公和尚等神仙或神醫，都身背葫蘆或腰懸葫蘆，消災濟世。

葫蘆形相奇特美觀，肚闊嘴窄，兼收並蓄；做成容器，可裝水、可盛酒、更可珍藏靈丹妙藥。葫蘆諧音「護祿」、「福祿」，自古以來就是吉祥的象徵，歷來的風水家視為利宅辟邪的法器妙品，經常用於家宅風水佈局。

葫蘆具有觀賞、實用、佈局和珍藏價值。據古籍記載，葫蘆

在風水佈局上至少兼備以下六項主要功能：招財化煞、提升宅運、祛病消厄、助夫妻緣、繁衍後代、利旺文昌。葫蘆在宅內擺放的位置視乎實際需要而定，通常以天醫、延年和生氣等三個方位最佳，也可懸掛在流年飛星的大吉方。

風水佈局最常用的葫蘆有三種：天然葫蘆、水晶葫蘆、銅質葫蘆，用法也是視乎實際需要而定。天然葫蘆腹內種籽多，寓意百子千孫，古時的新婚夫婦喜掛床頭；水晶葫蘆一般用於調整宅內惡劣氣場，化病辟邪；銅質葫蘆可洩五行的土氣，多用於化解二黑病符、五黃大煞、六七交劍煞、二三鬥牛煞。

五黃大煞

五黃煞是風水上一個流年方位煞，屬於無形大煞，五黃煞每年所在的位置，依據九宮飛星理論而定。

九宮飛星共有九顆，每顆星都有其代表的意義，其中五為五黃星，即為廉貞，主瘟疫、災禍、死亡。因此每年五黃星飛臨的方位，宜靜忌動，須避免動象助凶。如果該年五黃星恰好飛臨宅中人每天出入必經的大門，又或該方位設有噴水池，便屬犯煞，昔日的風水家通常建議在該處放置銅質葫蘆化煞。

《風水妙趣》

2. 吞吃邪靈吸納財富

畏妻如虎的一位友人於淺水灣豪宅區置業，擬選購一對威猛的貔貅（粵音皮休）安放在主人房的床頭，鎮懾太太的霸氣，來電垂詢該選擇何種物料的製品。

貔貅的強項在於吸納財富、吞吃邪靈，不宜用於禦妻，倘若安放在床頭，更屬錯配。

傳說貔貅對金錢財帛的氣味特別敏感，一經發覺，立刻奮身追撲，啣咬而回，因此最適宜放置在大門口、玄關、向水或向街窗台等地方，方便牠們追尋「獵物」，招財、聚財兼護宅。

貔貅也有雄雌之分，雄性名「貔」，雌性名「貅」。雄雌各有分工，雄招財，雌守財。如欲貔貅加強宅舍財運，應該遵照習俗擺放一對。向前伸出左腳的是雄貔貅，伸出右腳的是雌貔貅，不難分辨。

相傳貔貅能號令雷霆，騰雲駕霧，甚至降雨開晴，有辟邪擋煞和神通特異的鎮宅神威，天生喜食財帛，納食八方資財珍寶，沒有肛門，吞金吃銀而不瀉，因而變成只進不出的聚財囊，世人奉為納財神獸。據說貔貅當初是因為吞吃金銀太多，隨處排洩弄污皇座，觸犯天條，玉皇大帝盛怒之下揮手從後一拍，才導致肛門閉塞。

貔貅長相怪異獨特，既凶猛而又祥瑞，龍頭，鹿耳，羊角，

獅身，鳳尾，虎爪，可謂集眾獸於一體，此外還兼具七七四十九種化身。

貔貅正如龍和麒麟一樣，只是古人虛擬的瑞獸，不存在於人世間。貔貅最早見於商朝姜子牙的史料；漢書《西域傳》，司馬遷的《史記》和《尚書》等古籍也有記載。

時至今日，貔貅的納財傳說早已深入民心，廣為眾生喜言樂道，爭相在店鋪和家居擺放。無論如何，放置床頭實屬不當。

劉邦與和珅

據《漢書》記載，漢武帝劉邦對貔貅情有獨鍾，曾隆重賜名，立為帝寶，欽定為皇宮內的御用珍品，文武百官和尋常百姓都不得擁有。在漢代，貔貅通常放置在皇陵門口、殿堂或御書齋。

傳說清代大貪官和珅深知貔貅納財威力無比，曾擅取乾隆御用貔貅，在官邸私自冒險供奉，結果如願以償，財源滾滾。和珅歷年積累的家財富可敵國，官居萬人之上，抄家時發現家產竟然超逾國庫。

《風水妙趣》

3. 實水　虛水　象汲水

N先生置業，傳來地址等資料，垂詢可否在新落成的住宅安放汲水象招財。從該宅建築年期和衛星鳥瞰圖顯示的方位判斷，坐向恰好是九宮飛星派所說的「到山到向，形巒合局，大旺財丁」格，宅後泳池正是象汲水的用武之地。

大象體巨力壯，但性情溫順善良，舉止優雅，喜愛戲水汲水。早在明末，民間就已流行在宅舍內安放汲水象的習俗，企盼引水入宅，招財納吉。

民間安放的汲水象，常見者計有兩類：象鼻向上彎翹者擅長汲納虛水（街道上的無形水）；象鼻下垂者用於汲取實水（江湖河海池塘的水）。上述讀者宅後有泳池，可在宅內向水的窗台上放置一座鼻端下垂的象，汲收池中水。至於物料，銅質、白瓷或白玉皆可（白色五行屬金，金生水）。

象在傳統上與虛擬的龍龜、貔貅、麒麟並列，被視為吉祥的瑞獸。象鼻雖粗，但粗中有細，可摘花、剝蕉、甚至拾針。由於體型龐大如山，有些「後庭呈虛」的房屋，喜歡在宅後擺放大石象作為靠山屏障。

象不僅是瑞獸，而且還是記憶力強、具羞恥感、感恩忠心的德獸。明代學者郎瑛的《七修類稿》，載有一篇「義象」忠心舊主、寧死不肯向新主效忠的奇聞。當年明太祖登基後，前朝飼養

《風水妙趣》

的一批風水馴象南遷新都。群象在象夫的指揮之下齊向新主下跪朝拜,其中一頭因思念已故君主,不僅不肯跪拜,還擺動長鼻,向在旁不斷勸說的象夫頑抗。其後十天,絕飲絕食,垂淚長嘯。明太祖怒令宰殺,但一眾侍衛束手,不敢舉刀,後來傳召大批壯士披甲上陣,經劇烈搏鬥才將之屠宰。

在風水操作上,象不僅用於宮廷和民間陽宅的汲水招財,巨型的石象更廣泛應用於歷代皇陵的守衛。膾炙人口的馬可孛羅遊記,也曾提到象背上的大木樓。

吉水與凶水

歷代的風水典籍對於宅地水的吉凶都有明確的論述。水源深長龍氣旺、水要入堂而又下關收水、來水彎曲而去水盤桓、橫來之水呈現繞抱形勢等等,都是上佳吉水。如果是海水,以其潮頭高水色白為吉。江河重流抱屈曲,溪澗重平緩,湖泊則以一平如鏡為吉。至於池塘,按古人的理論,自然天生即屬吉;不宜貿然開鑿,以免傷害地脈。

來水倘若筆直沖射、急溜有聲、反跳翻弓、或味臭或呈泥漿狀,均屬凶。

《風水妙趣》

4. 渴求子嗣供奉麒麟

　　友人聚會，談到一件題外「奇事」：公司開業典禮，張燈結綵，大門口一對石雕麒麟披上兩條紅綾。儀式過後，經理收起紅綾隨手塞進辦公桌抽屜。婚後六年未育的經理太太，未幾宣告有喜，產下男丁。消息傳開，同事接踵而來，要求剪取一小片紅綾回家擺放。結果全部同事一索得男，皆大歡喜。

　　古時的風水家的確相信，麒麟有增旺後代的效應，視之為送子神獸。民間自古就有「麒麟送子」的典故：孔子母親嫁入孔門多年未育，後於尼山祈求問卜，忽見天降麒麟吐血石上。孔母坐石不久便懷孕產子。

　　民間還有「麟吐玉書」的傳說：孔子出生前有麒麟來到他家，口吐玉書。書上詳細記述了這位聖人的運程。孔子出生後被稱為「麒麟兒」，源出於此。

　　後世渴求子嗣心切的人家，都在家宅向水的一面窗台上放置一對麒麟，盼望早生麟兒。現代的風水佈局有時也採用此招式，視乎房屋的坐向方位而定。

　　麒麟可放置於窗台，但不可懸掛在窗上。歷來有「麒麟掛窗，家人必傷」的說法，或屬迷信，宜小心處理。麒麟正如貔貅一樣，分為雄雌，雄叫麒，雌叫麟，統稱麒麟。

　　麒麟還有消災解難、驅邪避煞、催財加官的效應，因而大受

《風水妙趣》

為官者喜好,廣泛供奉。

麒麟是古人虛擬的另一瑞獸,外形奇特,龍頭,鹿角,馬蹄,牛尾,狼額,身披五彩麟角,與龍、鳳、龜並稱四靈。傳說麒麟踩踏過的地方,必定運氣充盈,因而歷來有「麒麟吉祥」的說詞。

麒麟既為吉祥物,官家也經常採用。歷代的公堂多用麒麟裝飾,以此象徵權貴,振作官威。漢武帝時,未央宮設有麒麟閣,繪製功臣群像,表彰功業。時至清代,一品武官的官服徽飾仍沿用麒麟。

未央宮

上文提到未央宮設有麒麟閣。未央宮建於漢初,位於長安西南,由當時輔助劉邦得天下的蕭何全權監督興建,是中國歷史上規模最大一座皇宮,比現今保存良好的清代紫禁城還要大。面積達五平方公里的未央宮建築群,佈局融合了風水元素。漢朝以後多個朝代的皇帝,都曾在該處處理朝政。

漢代有兩座大宮殿,分別名叫未央宮和長樂宮。「未央」意即無盡,「長樂未央」寓意長久快樂,無窮無盡。

《風水妙趣》

5. 天池水可化解三煞

　　立春是一年四季二十四節氣中的第一個節氣，在節氣最初起源的黃河流域一帶揭開了春天的序幕，「陽和起蟄，品物皆春」，萬物由此開始復甦。

　　「春到人間草木知」的景色，盡是神妙春意。陽曆每年2月4日或5日太陽到達黃經315度時即為立春。立春在風水學上是一個關鍵性時刻，三元九運的更替或流年吉凶方位的輪轉，都由立春肇始。

　　民間俚語有謂「立春天氣晴，百物好收成」，意味民俗忌諱立春日下雨，認為立春當日天氣晴朗，才是這一年風調雨順五穀豐登的吉兆。

　　然而，古時的風水家認為，冬至後立春前這段期間尤其是立春當日採集的雨水（古稱天池水），用於禳解宅舍每年流年三煞位煞氣，效應最佳。因此，後世的人每多沿用，在佈置流年風水局時，將採集的雨水入瓶安放於三煞中的災煞位置。宅內三煞位的災煞位置每年不同，例如：壬辰龍年在離方（正南180度），癸巳蛇年則在震方（正東90度）。

　　又據古籍《禮記・月令》記載，每逢立春降臨，歷代都有盛大的迎春儀式。在立春的前一天，皇帝循例率領百官到東郊舉行迎春祭祀大典，祈福禮成回宮之後，隨即向天下百姓布德施惠。

《風水妙趣》

立春前一日,古代還有一個很有趣的打春牛祭祀儀式。各地官府事先準備一頭泥塑土牛(又叫春牛)舉祭,祭典結束後,春牛擺放在官府門前。第二天立春日,當地主禮官員大清早便派遣專人手執彩鞭,開始揮動第一鞭,抽打春牛。然後由官府內大小僚臣和路過百姓接手鞭打,從早到晚,川流不息,象徵送寒迎春,來年豐收。這儀式也有鞭策耕牛,努力耕耘的寓意,因此又稱為打春、鞭春、鞭牛。除此之外,民間還有立春喝春酒、吃春餅、吃春卷等等習俗。宋代成書的《東京夢華錄》對此有詳細記載。

二十四節氣

二十四節氣是:立春、雨水、驚蟄、春分、清明、穀雨、立夏、小滿、芒種、夏至、小暑、大暑、立秋、處暑、白露、秋分、寒露、霜降、立冬、小雪、大雪、冬至、小寒、大寒。每個節氣約間隔半個月的時間,分列在十二個月內。在月首的叫做節氣,在月中的叫做「中氣」,所謂「氣」就是氣象、氣候的意思。

每年立春,一年四季由此開始,萬物生機蓬勃。古人將立春分為三候:「一候東風解凍,二候蟄蟲始振,三候魚陟負冰。」說的是東風送暖,大地開始解凍。立春五日後,蟄居的蟲類慢慢在洞中甦醒,再過五日,河裡的冰開始融化,魚也開始游動,此時尚未完全融解的碎冰片,如同被魚負著一般浮在水面。

《風水妙趣》

6. 文財神與武財神

　　很多人都盼望發財，期待財神常臨家門，財源廣進，聘請高人替家宅測定風水財位之餘，還在家裡供奉財神。

　　民間供奉的財神，常見的有文財神和武財神兩大類。文財神就是文昌帝君，別稱「梓潼帝君」。據《三教搜神大全》說，文昌帝君在人間生活了十七世，世代都是當官的士大夫，白面長鬚，身穿錦袍，腰纏玉帶，手執玉如意，一派文質彬彬、祥瑞富貴的相貌。

　　據古籍記載，文財神有個聚寶盆，盆上站著的運財童子腳踏銀珊瑚，左手舉托元寶，右手執握令旗，向天下眾生輸送財富。

　　至於武財神，民間供奉的有趙公明和關聖帝君兩位。趙公明就是《封神榜》中滿臉鬍鬚、身騎黑虎、手握竹節鐵鞭的那一位。趙公明手下共有隨侍使者四人，計為招寶天尊蕭昇、納珍天尊曹寶、招財使者陳九公和利市仙官姚少司，可謂陣容強大。

　　另一位武財神關聖帝君，原名關羽，字雲長，民間尊稱關公，是三國時代的名將，紅面長髯，神威凜凜，忠義千秋，能鬥邪護財，招財進寶。

　　按照民間傳統的習慣，文財神和武財神安位方向完全不同：文財神面向宅內，引財入戶；武財神則面向大門，兼負招財、化煞的職能。

《風水妙趣》

　　文財神和武財神可以一同供奉，但趙公明與關公兩位武財神則不宜同時安放。

　　除了文武財神，民間還把觀音菩薩當作財神供奉。相傳每年正月二十六日是「觀音開庫」的日子，當日的子時至亥時，觀音菩薩大開金庫，施惠於民，助民致富。

　　觀音蓮座下的善財童子，也是一位財神，專向世間資財匱乏的人佈施。很多人深信，只要誠心祈求，必有所獲。

觀音開庫

　　農曆正月廿六日，是一年一度的觀音開庫日子。大批善信湧到觀音廟祈福借庫，希望藉觀音之助，財運亨通。

　　傳說觀音早年在修道的時候，有五百位護法羅漢環繞周圍。他們為了要考核觀音大士的修行，於是化為人間和尚，前往觀音廟化緣。觀音看見有和尚到來化緣求助，大發慈悲，打開倉庫，讓和尚盡情享用各式齋菜。五百和尚茹素完畢，餘下的食物續由前來參拜的善信享用。

《風水妙趣》

7. 安忍水化流年病星

　　清代中葉，傳言江蘇一個魚米之鄉的縣衙風水極佳，歷任縣官皆扶搖直上，飛黃騰達。某公接旨獲悉自己奉委出任該縣縣令，私心大喜，期盼由此平步青雲。

　　到任不久，自謂懂風水的一名隨員，指稱縣衙前廳狹小，不足以彰顯官威，提議加強風水，折卸擴建，形成猛虎昂首狀，並在衙後花園樹立旗竿作虎尾，展示威嚴。新縣令深覺所言有理，下令立即大興土木。豈料竣工之後，新官受另案株連，遭革職抄家查辦，官運沉落谷底。

　　原來縣衙的前廳恰在該年切忌動土的太歲方和五黃瘟星飛臨的宮位；衙後樹立旗竿的地方則是流年三煞位的所在。新官上任後未及化解，反而興工動煞，激化了該年大凶災厄。

　　玄空飛星派將陽宅風水局分為兩種：以坐向和三元九運推算的永久局和每年隨年運飛星流轉的流年局。有位風水家對此有一妙喻：陽宅風水猶如可吉可凶的火藥，既可令人成為直上雲霄的璀璨煙花，綻放繽紛耀目的光芒，也可令人慘遭爆炸，粉身碎骨，萬劫不復。關鍵在於上佳好風水的永久局與每年轉變的流年局，能否恰如其份地巧妙配合。

　　永久局又稱為基本局，是根據山、向、運三盤歸納的二十四星盤，確立宅內恆久固定的吉凶方位，藉以趨吉避凶。至於流年局，

《風水妙趣》

則屬歷時一年的歲時局，九個宮位的吉凶隨年更替。

歷來不少富貴人家為求家宅平安，每到年初都請專人勘測該年的吉凶方位。以癸巳蛇年為例，關乎人口康寧、疾患、災劫而受廣泛重視的二黑病符星，落在西南方的坤宮。按照傳統的操作，二黑病符星位慣常以風水經典《宅運新案》推許的具有奇效的安忍水制解。關於安忍水底蘊，且聽下文分解。

《宅運新案》

厚達三冊的風水經典《宅運新案》，作者演本法師（俗名尤惜陰），清同治十一年生於無錫書香世家，光緒二十年之前中秀才，出家修行之前，人稱雪行居士。早年讀書時，他曾研究周易，探玄尋祕，辨識機微，造詣至深。

《宅運新案》頗具卓見，是他第一部影響深遠的風水著作，其後陸續撰寫的《宅運圖解》、《譚因》、《法味》、《故事淺說》、《了凡四訓語釋》等書，廣受讀者歡迎。在南洋弘化期間，先後著述《法海一滴》上下集，《三種戒經合刊》，《佛法要領》，《佛化家庭》，《眾福之門》等多種。

《風水妙趣》

8. 如何催旺流年財星

　　上文談到以安忍水制解流年二黑病符星。「安忍」二字源於佛經頌讚地藏王「安忍不動如大地，靜慮深密似藏王」，因此安忍水又名「地藏王安忍水」，在化煞之餘，兼具驅邪招財保平安的妙用。

　　據演本法師（俗名尤惜陰）撰寫的厚達三冊的風水經典《宅運新案》說，安忍水原意用於破解宅中七赤劫煞和交劍煞，由於功效顯著，遂演變為化解流年五黃瘟星和二黑病星的法器。

　　按書中提到的用料和製法，安忍水可自行製作：闊口磁瓶一個，內置三分之一粗海鹽，清代龍紋銀元一枚放在磁瓶中心位置，六帝銅錢各一枚順序圍繞，然後注入純淨清水，再加蓋密封。在日本和韓國，安忍水的應用非常普遍，書報刊物上常見圖文並茂的推介。清代龍紋銀元和六帝銅錢，現已不易搜求，風水界曾有人建議改用時下通用的硬幣代替，此議或可考慮。

　　至於每年的流年八白財星位，清代的富貴人家慣常在住宅的玄關，安放內置珠寶財帛的紅色聚寶盒招財。聚寶盒源於明代「堆金積玉，富可敵國」的超級富豪沈萬三的一段傳奇故事。

　　傳說沈萬三貧困潦倒之際，見一農夫攜百餘青蛙售賣，便好心買下放生。第二天，他發現已放生水中的青蛙圍聚一瓦盆不散，遂將瓦盆帶回家用作洗手盆。沈妻一次洗手時，頭上髮釵不慎掉

下盆中。髮釵突然一變二,二變四,很快已是堆滿整盆。這個神奇的聚寶盆,放金生金,投銀產銀,取之不盡,用之不竭,沈萬三終於成為富甲天下的明朝首富。

此後,民間的風水佈局都在宅內永久財位放置聚寶盆,或在五行屬土的流年八白財星位(癸巳蛇年落在東北方的艮宮),放置體積較小的紅色聚寶盒(紅色屬火,火生土),藉以招財納吉。

聚寶盆

明代超級富豪沈萬三的聚寶盆,後來還牽入另外一段傳奇故事。話說當時的朱元璋皇帝,欲保江山萬代,決定在南京築城牆。建至中華門時,因該地原為池塘,投下大量泥土都填不滿。朱元璋情急之下,靈機一觸,想起沈萬山的聚寶盆既能生金,必可生土,於是下旨劉伯溫前去商借。沈萬山無奈,只好勉強答應借出一夜,待至明早五更三刻,更鼓一敲就要歸還。

池塘當晚果然順利填土。朱元璋竟然心生歪念,不想歸還聚寶盆。劉伯溫向朱元璋獻計,下令從此不再在五更三刻敲打更鼓。如此沈萬山再也無法要回聚寶盆了。南京中華門後來又叫聚寶門。

《風水妙趣》

9. 催旺姻緣與招鬼魂

歷來享有「文人歌喉」美譽、大受詩仙李白青睞的簫，是一種廣泛應用的風水法器，在宅舍佈局操作上常用作化煞、辟邪、旺宅、招貴人和催旺姻緣運。

昔日民居的廚房，倘若橫樑壓灶，宅主多在樑木兩端的牆壁上分別斜懸一支身繫紅繩的簫，化解橫樑的形煞。年過標梅而嫁杏無期的未婚女子，則在床頭或臥室門眉上掛簫，企盼早結良緣。至於辟邪、旺宅和招貴人，放簫的方位各有不同，視乎坐向和宅中人的命格而定。

懸簫招引如意郎君的意念，源自二千六百年前東周時代一個動人心弦的美麗傳說……

相傳華山有個名叫蕭史的善簫高手，每當吹出仿似天籟的簫聲時，鳳凰、孔雀、仙鶴聞聲湧至，漫天翩舞，如黑雲蔽日，瞬間齊集庭院，靜聽簫音。秦穆公得知善於吹笙的女兒弄玉仰慕蕭史才華，便招他為婿。弄玉婚後隨夫習簫，進步神速，很快已可吹出鳳鳴妙音，群鳳聞簫聲飛臨。秦穆公特為他們建造了一座可供鳳雀隨聲起舞的鳳凰台。一天早上，夫婦二人如常在鳳凰台上合奏，蕭史吹簫，弄玉吹笙，忽然天外飛來一龍一鳳，蕭史攜赤玉簫乘金龍，弄玉帶碧玉笙跨紫鳳，雙雙升天而去。

在楚漢相爭的年代，韓信曾善用簫聲不戰而勝。哀怨的簫聲

《風水妙趣》

當時在楚霸王營外四面奏出楚歌,項羽八千子弟兵的士氣頓時崩潰。後世的人因此深信,簫是可以化煞辟邪的吉祥法器。現代不少武俠小說甚至將簫神化為亂人心智的秘器。

據《聊齋誌異》的描述,簫亦可招魂引鬼,因此家居倘若毗鄰墳場、醫院、警署、殯儀館或教堂廟宇等陰氣較重的地方,就不宜在宅內懸簫,以免弄巧反拙。

簫聲鼓鳴

北魏時,有一位姓元名叫好問的十六歲少年在路上遇到一個捕雁的人,那人說早上捕到一只雁,把它射殺了,但是另一隻從網中掙脫的大雁卻在天空悲鳴,不肯離去,最後竟然撞地而死。元好問聽後把大雁買了下來,葬在汾河邊上,並用石頭壘墳作標記,命名為雁丘。

其後,元好問寫了一首《雁丘辭》,提到悽傷的簫聲鼓鳴,「寂寞當年簫鼓,荒煙依舊平楚」,辭中的「問世間情為何物,直教生死相許」,千古之下感動了無數癡情兒女。

《風水妙趣》

10. 龍龜迎福辟邪保安

　　九龍鬧市一家開設在二樓的酒家，在面向大街的牆上懸掛了一隻黑色大鐵鑊，順向仰望，原來對面教堂外牆顯露尖角，堂頂另有一個巨型十字架。倘若僅是用作化解對面的凶象沖射而無其他特別原因，大可採用長相美觀的龍龜取代黑鐵鑊。

　　龍龜正如貔貅、麒麟一樣，只是古人虛擬的瑞獸，不存在於人世間。龍龜是龍和龜的合體，龍頭龜身，既有龍的剛強，又有龜的陰柔，兼具龍的雷霆威嚴和龜的忍辱負重，歷來的風水家常以此物化解室內的各類角煞、流年三煞和宅外的天斬煞。

　　傳統風水理論忌諱尖角沖門，視尖角為殺傷力巨大的利刃，稱之為角煞，損害家宅平安，通常在相對的方位佈置龍龜化解。也有人擺放在宅後鎮宅，或者安放在廳堂迎福、辟邪、保平安。

　　相傳龍龜背負河圖洛書，揭示天地神數，上通天文，下諳地理，中和人世；龍頭賜福，龜尾化煞，效應神奇。因此，倘若安置在室內，龍龜須龍頭朝內，龜尾向外。

　　古人相信龜天生能吸納天地山川的靈氣，所以長壽。歷來企盼長壽健康的人尤其是老人家，都特意在臥室供奉龍龜。

　　在遠古的洪荒時代，水神共工和火神祝融交戰，水神大敗，一怒之下撞毀天柱，幸得龍龜力大無窮的四足撐起下塌的天空，人間才得以避過浩劫。古籍《淮南子》記述的女媧補天神話，道

出了龍龜的不朽功業。到了後來大禹治水，龍龜又以不同凡響的奇能，背負大山，移離河道，為眾生救災解厄。

在遭遇一些特殊的形煞時，與其放置兇猛的獅子野獸坐鎮或懸掛黑色大鐵鑊，不如安放溫和的龍龜化解。以柔制剛，更加符合「凶煞宜化忌鬥」的風水原則。

河圖洛書

河圖洛書是古代傳說中兩種天賜的神圖，各由平面方位不同、數目不等的點組成。傳說大約七千年前，龍馬身負河圖，躍出黃河；神龜背呈洛書，浮出洛水。大禹治水依靠的就是河圖洛書。

古人認為，點的分佈及其數目均暗喻深奧哲理，聖人由此得悟，作出《易經》和《尚書・洪範》。伏羲後來根據河圖洛書繪製了八卦。

《風水妙趣》

11. 水晶靈氣加強能量

在雜誌上看到一篇關於水晶特性的文章。據謂日本科研人員的實驗證實，水晶產生的高頻率共振能夠加強人的思維、心智和能量。水晶此一神奇特性，其實很早已被中國古代風水家發現，普遍應用在家居佈局上，因而有「風水石」之稱。

在《山海經》時代，水晶有個非常典雅的名字：水碧。風水祖師郭璞後來在著作中稱之為水玉，意謂似水之玉，「其瑩如水，其堅似玉」。自古以來，佛教中人深信水晶閃射的靈光可助普度眾生，因此歷代很多法器和佛像都以水晶雕造，有佛門經典甚至尊稱水晶為「菩薩石」。

水晶家族龐大，以種類顏色不同而有各種名稱，一向有「招財、旺宅、辟邪、化煞」的說法。在風水佈局上採用最多的是內有絮狀物的透明白晶，其次是紫晶、黃晶、粉晶和黑曜石。至於水晶形狀，很多人對球形情有獨鍾，或出於「有求必應」的企盼。

按照傳統風水理論，水晶這種凝聚了億萬年天地靈氣而又具有高頻率共振功能的珍寶，最宜安放在旺位、生氣位和流年吉慶位，藉著高頻率共振強化宅中旺氣和吉氣，達到趨吉避凶的效應。

然而，宅內安放水晶仍不宜太多，過猶不及。身體虛弱的人，臥室之內，尤其是床頭旁邊，都不宜擺放大件水晶。有些弱質長者進入水晶店，立刻感覺心悸欲嘔或頭暈不適，正是由於虛不受

補所致。

　　水晶必須避免安放在宅內病位、煞位和流年五黃位等等凶方，以免激化負磁場，造成風水敗局。

　　水晶不僅經由風水操作進入尋常百姓的家宅，更登上了朝廷殿堂，譜寫歷史。戰國時代，宰相田嬰曾用水晶耳環替皇上作媒選后；康熙皇帝藉水晶煙管生事，再降旨禁煙，都是傳誦一時的佳話。

菩薩石水晶

　　享有「菩薩石」美譽、具有強化宅中旺氣和吉氣功能的水晶之中，以紫水晶最受歡迎。紫晶在傳統上常被用作護身符，認為可驅趕邪靈、增強運勢、提升智能、平穩情緒、幫助思考、加強記憶。

　　《博物要覽》說，紫水晶「色如葡萄，光盈可愛」，這種如葡萄般的紫色，是由於水晶中所含的微量鐵元素經輻照作用，進而激發三價鐵離子所致。西方人幾乎一致公認，紫水晶的紫光是自然界最美麗的紫。紫水晶（Amethyst）一語源自希臘語，意即純潔真誠。

　　世界上最高質素的水晶，產自巴西、烏拉圭以及俄羅斯的烏拉爾山脈。巴西出產的水晶目前佔全球總產量的九成。

《風水妙趣》

12. 五色豆催旺貴人運

不少人經常抱怨現實生活中「小人太多，貴人太少；小人難防，貴人難得」。期盼天天遇貴人，常得扶助，諸事順遂如意；有朝一日頓獲青睞，飛黃騰達。走筆至此，腦際不期然浮現一幕名人傳奇……

狂風暴雨的午夜，一位老先生偕妻倉忙走進旅館，兩人衣履盡濕。旅館房間早已客滿，櫃台後的年輕服務員波迪 (G. Boldt) 一臉無奈，再三表示歉意。他體會兩人當時的境況，不忍心他們再冒風雨摸黑轉往其他旅館，於是獻議：自己睡房尚算整潔，如果不介意，他樂意讓給他們夫婦暫宿一宵，不必付費。他說自己稍後下班，可以隨便找一張沙發休息。夫婦二人欣然應允。

兩年後，波迪收到一位署名艾斯特 (W. Astor) 的陌生人來信，邀請他到紐約會面。艾斯特原來正是當年的雨夜客人、一位家財豐厚的酒店業大亨。他和妻子非常感激波迪的善待，特意在紐約鬧市興建了一間大型酒店，無條件交給他主理。

該酒店後來經波迪銳意經營，迅速躍升為世界政要名流匯集的一流名店——馳名遐邇的華道夫 (Waldorf) 酒店。（波迪其後致富，斥巨資在美加接壤的千島湖建造豪華古堡贈予太太，傳為佳話。）

艾斯特無疑是波迪的貴人；然而，波迪何嘗不是艾斯特的貴

人。生辰八字天生「貴人照命」，或掌紋上貴人線特別深刻的人，均可斷為「易生貴人效應，易得貴人助力」。

昔日頗多風水家甚至深信，在宅中流年桃花位佈置內藏五色豆的貴人包，也可催旺貴人運。五色豆就是日用的黑豆、綠豆、紅豆、黃豆和眉豆，對應水、木、火、土、金，寓意招引五方（東南西北中）諸色貴人。

平情而論，日常能否受貴人垂青還須視乎一己的心態；刻意佈局催旺貴人運之餘，何不每事都像波迪那樣，主動先使自己成為別人的貴人。

貴人與小人

歷代相法中，有一種專以人的神氣分陰陽，判斷一個人的貴人運和小人運——陽盛易招貴人，陰盛則身邊多小人。

按照這種神氣陰陽相法的判斷，神清氣善，目有神光，長相飄逸，屬於陽氣充足之相；反之，雙目呆滯而無光澤，膚色黯淡，頭低口垂，眉禿無彩，即屬陰氣厚重之相，一生常招是非，遭小人阻攔、暗算。

陽氣壯旺易招貴人，陰氣旺盛必惹小人。

《風水妙趣》

13. 四人幫與人生三絕

　　超凡脫俗的佛門弘一大師自承不懂分辨何為君子，何為小人，只能憑直覺判斷：「每事肯吃虧者是君子；每事討便宜者即小人。」分辨貴人和小人其實也不容易，有些小人往往偽裝貴人，弄虛作假，令你產生錯覺，然後在關鍵時刻向背後捅刀。也有人最初被罵作小人，事實卻是救命恩人。

　　人生不僅需要「四人幫（助）」：高人指點、貴人相扶、友人支持、小人激勵，在邁向人生高峰的路上，還需要替自己裝備「三絕」：絕藝察人心、絕技求貴人、絕招防小人。

　　本欄數月前引述一段有關互為貴人的典故時，曾經簡略提到古人常用的五色豆貴人包。該文發表後不久，有朋友傳來電郵「報料」，說他在香港和台灣一些地方曾見過裝載五色豆的紅色利是封，外面貼上「開光貴人包」的膠貼。有些人天生欠缺貴人運，懷才不遇，或失意無助，又或日常總是受太多小人纏繞，因而期盼憑藉每年一次放置貴人包改善宅中風水，防小招貴。

　　厚達五百多頁的康熙大內刊本《御定奇門寶鑒》有頗多此類論述。清代不少風水家都相信，對應水、木、火、土、金五行的日用五色豆（黑豆、綠豆、紅豆、黃豆、眉豆），如果製成貴人包，放置宅中流年桃花位、枕頭底、書桌或辦公桌的青龍方（左方）等方位，有助於提升「三絕」：察人心、求貴人、防小人。

《風水妙趣》

　　欲知該年的貴人包有否已產生貴人效應，清人筆記《溪山異緣》提到一個有趣的測試方法：第二年春分當日，將上一年的貴人包拆開，倒出五色豆，用碟子盛載，加入淺水浸泡，每天定時灑水。數天後，如果發現綠豆發芽，意味上一年成功招引屬木的貴人，黃豆代表屬土貴人，紅豆代表屬火貴人，餘此類推。倘若五種顏色的豆類全部發芽，意即該年五行貴人滿全，貴人運興旺。

《御定奇門寶鑒》

　　厚達五百多頁的康熙大內刊本《御定奇門寶鑒》，原是康熙御定的內宮秘本，自成書以後，一直深藏皇宮大內，民間難得一見；海內外的奇門研究者，無不期盼有機會一睹真面目。近年有專家整理出版，分為三個部份印行。

　　第一部份是全書總綱，也就是全書的關鍵，計有奇門源流、遁甲總論、星門起例、門神捷要、奇門雜占、《元機賦》注解等。另外兩個部份為《御定奇門陽遁九局》和《御定奇門陰遁九局》，單面為局象圖，詳述陰陽遁五百四十局的所有圖解；雙面為對應的斷語、占語與例釋，對每一種局象詳加分析。

《風水妙趣》

14. 正針　縫針　中針

　　風水家使用的羅盤早在晚唐時期就已廣泛應用。據現代學者王振鐸在《考古學報》發表的考古文章《司南指南針與羅盤》，最初的羅盤是銅質製作，早期用於堪輿，後來才普及至航海。

　　含有「包羅萬有，經緯天地」之意的羅盤，因而又稱羅經，是歷代風水家辨方定位不可或少的重要工具。

　　複雜的專業羅盤多達五十圈，有內盤和外盤之分，又有天、地、人三盤之分，更有正針、縫針和中針之分。正針所指的南北方向實際上不是地理的正南正北子午線，為了測定正南，於是錯開大約半格，設置縫針，校正縫針和正針之間磁偏角的偏差。

　　使用羅盤，關鍵在於觀察磁針。羅盤指針按指示的方位，可分為正針（指南針指示的磁極子午）、縫針（二十四山方位向左錯開半格即正午太陽顯示光影所標示的臬影子午）和中針（二十四山方位向右錯開半格的北極子午），各具明確用途。

　　象徵天圓地方的羅盤，正針通常用於度天、格定來龍；縫針用來測地、定向、度水口；中針則用於調正龍脈的純雜。

　　專業用羅盤清晰顯示先天八卦、後天八卦、二十四向、九星天星、七十二穿山（地紀）、正針分金、二十四節氣、二十八宿、十二分野、穴法作向、縫針分金、六十透地龍（天紀）、三奇四吉、八門星度五行等等在風水操作過程中常用的數據。

《風水妙趣》

羅盤的核心部份，即安裝了指南針的圓圈，稱為天池或太極池。早期的羅盤屬於水性羅盤，指南針浮在有「金水」之稱的水面，動浮之後，轉靜居中，由此格分兩儀，剖析陰陽，進而判斷吉凶，趨福避禍。天池金水因而被尊為理氣本源。

太極圖

羅盤核心部份稱為太極池，源於說明道體根源的太極圖。該圖代表宋代理學家對宇宙萬物的觀點。圖的前部份宣揚太極生兩儀的說法，圖的後半部份則彰顯五行之論。

稱為「陰陽魚」的道教標誌，是另外一種太極圖，圖中有 S 形曲線分隔，左右各半，一黑一白，分別代表陰和陽。陽中黑點代表陽生陰，陰中白點代表陰生陽。

《風水妙趣》

第六章　古今傳奇

1. 清代兩個風水奇局
2. 五鬼運財極速暴發
3. 適逢其會積福延年
4. 氣場非凡盛產富豪
5. 福人福地天意安排
6. 王氣寶穴造就奇蹟
7. 首富中計誤入圈套
8. 異夢怨偶坦訴心曲
9. 官司奏出奇特插曲
10. 家族墓園仿如皇陵
11. 「無文苦翁」變巨富
12. 居玉杯宅人仰馬翻
13. 興旺廿年不足為奇
14. 工匠洩憤蓄意作惡
15. 家居奇事夜傳怪聲

《風水妙趣》

6

清代典型的大宅設計

《風水妙趣》

1. 清代兩個風水奇局

現實生活中，很多人都有「捨得」心態；游目四顧，酒樓食店之內，常見食客爭單結帳，正是「捨得」的真實反映。愈捨愈得，有小捨才有大得，這道理似乎已經深入人心。

活躍於香港名人圈的一位旅遊界黃老闆有句教子「二字真言」——請客。他訓示兩子：別人請你一次，你要回請三次；請客兩百次，不會完全沒有成就。他說捨得請客是成功秘訣，自己早已身體力行。據某著名食店的經理私下相告，黃老闆每次到來光顧，如果發現鄰桌有相熟朋友在座，必定靜悄悄吩咐伙計：對方的帳單歸他負責。

翻閱風水古籍，看到一篇關於「捨得」的有趣記載。

三百多年前的清代，有鄉紳甲乙二人同時延聘一位高人擇地建宅。甲豪爽、大方、好客，期盼新宅落成後食客盈門，由此廣結天下賢士；乙貪婪、吝嗇孤寒、一毛不拔，指定高人在新宅佈局上助他達成「不費一文，大吃四方」的願望。

該位高人根據二人生辰八字，按照他們的意願在新宅分別佈置了「捨得局」和「白吃局」。

高人佈置的風水局後來果然應驗，甲愈「捨」愈「得」，終獲食客賢士助力而富甲一方。乙則因孤寒貪婪、愛佔白吃便宜，以致朋友疏遠，最後又因好賭而家道破敗，淪為乞丐，到處行乞，

《風水妙趣》

應驗了「不費一文,大吃四方」的白吃效應。

香港當今的很多頂級富豪,未必都懂風水,但多是慷慨樂善之士,捐輸行善不甘後人;孤寒「鐸叔」似乎極少。拔一毛以利天下而不為的人,可能真的發極有限,難成大器。

捨就是得

佛門禪偈對「捨得」有這樣的領悟:萬事萬物皆在「捨得」之中成就自身。因而大捨大得,小捨小得,不捨不得。

樹木捨燦爛春花,得華實秋果;壁虎臨危棄尾,得生命保全;雄蜘蛛捨命求愛,得繁衍後代;溪流捨棄自我,得以匯入江河;鳳凰捨其生命,得以涅槃重生。哲人泰戈爾曾說:當鳥翼繫上了黃金,就再也不能展翅高飛了。

傳統智慧同樣強調不捨不得,捨就是得。捨得既是生活的哲學,更是處世為人的藝術。捨與得就如水與火、天與地、陰與陽一樣,既對立又統一。

《風水妙趣》

2. 五鬼運財極速暴發

　　九十年代初期香港發生的一宗轟動世界的綁架勒索案，餘波未了。「世紀悍匪」張某當年綁架了城中首富的長子，再腰纏烈性炸藥，單人匹馬闖入巨宅，與首富當面談判贖金，成功劫獲十億元，逃之夭夭。其後以同樣手法向另一巨富下手，再劫七億元。張某雖然早已在匿藏的內地落網伏法，受極刑懲處，流血收場，手下兩名黨羽在事隔多年之後竟然斗膽向巨富太太收「尾數」，終以事敗墮入法網。法庭最近開審，歷經千百年流傳的「五鬼運財」風水局又一次成為坊間熱議的話題。

　　傳言張某犯案前曾聘高人在居所佈了「五鬼運財」局，因而極速暴發。古籍早有明言，此局可速發致富，若非形巒理氣絕對合局，而且緣於天命造化，最終可能納凶招禍，血洗山龍。證諸張某情狀，確乎慘遭該局反噬。

　　五鬼運財局原稱「山水龍翻卦」，是以坐向立局，配合門、窗、水的卦象，從位於巨門星的氣口納引生氣進宅，在廉貞星即五鬼位蓄氣。局中的「五鬼」並非指陰間鬼魅。

　　按照古籍的記述，要達致催家財助宅運的目的，居所內局固然須合乎「山龍廉貞有向，水龍巨門見水」的要求，宅主命格與宅舍坐向也必須互為配合。生辰八字中帶有偏財運的人，家居巧妙佈局之後，往往如虎添翼，財源滾滾。

《風水妙趣》

　　五鬼運財局源於唐僖宗御用風水師楊筠松。黃巢起義期間，楊筠松在兵荒馬亂中帶出宮中珍藏的天下孤本《玉函秘術》避走贛州，在當地授徒，廣傳宮中秘術，其中最為民間津津樂道的一術就是「五鬼運財」。

　　五鬼運財局流傳迄今，部分流派的操作混合了道家法術和符咒，五花八門，忌諱頗多，已非根據建基於九星法的龍、向、水的純風水理論。

托其名流傳

　　獲唐僖宗封為國師的楊筠松，掌管靈台地理大事，傳聞著述頗多，先後撰寫了《疑龍經》、《撼龍經》、《立錐賦》、《三十六龍》等大量著作，後世廣泛流傳，影響深遠。

　　清代有不少學者根據各書的行文和立論，發現似非出自同一人之手，故提出質疑，推測這些典籍並非全部屬於楊筠松作品，有可能是他從宮中帶出，弟子托其名流傳。

《風水妙趣》

3. 適逢其會積福延年

友人 F 君傳來電郵，垂詢在風水上有無特別的家居佈局，可令宅中人更健康、更長壽。

據傳統的風水理論，在宅中陰陽交界的「針口半」位置設門，可改善生活起居的氣場，達致長壽健康的效應。「針口半」根據羅盤二十四山向之中的辰、戌二向劃分。辰向和戌向相差180度，剛好在一條直線上。以宅主命格推算的吉利方向，在這條直線所經的任何位置，騎線居中分半，設置大門和宅主睡房房門，可使宅主壽而康。

歷來有所謂「一命二運三風水，四積功德五讀書」的說法，在風水之外，排列第四位置的行善「積功德」同樣具有「延年益壽」的效應。清代文人的筆記提到宋代一則與此相關的陳年往事……

皇上御用相士偶然發現朝中一位大臣氣色極差，斷定他不出百日必定歸天，於是建議該位大臣立刻收拾行裝，落葉歸根，回鄉預辦後事。大臣聽從這位被眾人公認功力高強的相士建議，立刻帶同家眷乘船回鄉。

船行途中，大臣有一天聽聞岸上人聲沸騰，於是吩咐船家泊岸細看究竟。原來有一名因喪夫而無以為生的懷孕婦人正欲投江自盡，眾人極力攔阻。大臣得知底蘊，頓生惻隱之心，好言相勸，

《風水妙趣》

並取出一筆足夠購置田地房屋的銀兩贈予該可憐婦人,叫她回去待產,好好撫養孩子長大成人。

大臣適逢其會,得以行大善,積厚福,回到家鄉後不僅百日未歸天,氣色反而逐漸轉佳,大步跨過了厄運,並因連救二命而積壽二十年。他後來重返朝廷做官,連年加官晉爵,享盡榮華富貴。

港人慈善捐款屢創世界新紀錄,歷來行善義無反顧,正是大眾爭相「積功德」的實際反映。

積功德

功德的功原指修行的功夫,是戒定;德是本性的德能。功德既是智慧,也是善行。梁武帝當年以國庫財力,在全國各地興建四百八十所寺廟,普度數十萬出家人。達摩祖師評論此事,坦言全部工程並無功德。

撥公帑廣建寺廟為何「並無功德」?按佛家的理論,行善做好人好事,該是發自內心、別無他求的善功,而不是借此揚名圖私利。

《風水妙趣》

4. 氣場非凡盛產富豪

　　幾年前報上有位專欄作者做過一個統計，發現香港富豪榜上排名最前的一百人之中，有大約四成家居港島南區的淺水灣和深水灣一帶，其餘大約六成則散居港九新界各區；全港家庭總收入歷年排位最低的天水圍，竟然無一富豪定居。該位專欄作者於是有此一問：淺水灣和深水灣一帶盛產富豪，莫非真的風水特佳？

　　眼前所見，多倫多、溫哥華和滿地可等加拿大城市也有類似情形：富貴人家的大宅往往集中少數幾個地區。這些旺地自有非同凡響的「氣場」，才得以一如古人所說的乘氣、聚氣、順氣、界氣。當地的地運、地勢和地貌決定了氣場究竟是生機蓬勃，還是暮氣沉沉。

　　住宅風水首重納吉氣，如果吸納的地氣和門氣都旺盛，才可期望大吉福貴，財運得心應手。風水師經常用作參考的一部經典古籍《地理五訣》，對此有極為細緻的論述。

　　風水師就是憑藉勘測和定向所必備的風水羅盤，測定地氣和門氣是否旺盛。坐吉朝吉的宅舍，倘若陰陽二氣平衡，而且又能凝聚吉氣，即可得到天地正氣的滋養，進而促進家宅興旺。

　　清代葉泰撰寫的《羅經解》，對羅盤推崇備致；譽之具有呼風喚雨的異能，或許過甚其詞，但無可否認，風水羅盤的確既可相天，又可測地，還能推時。風水師可根據羅盤天池內磁針的指

《風水妙趣》

向和晃動狀況，再結合八卦、五行、天星和十二支，判斷宅地的吉凶優劣，確定是否「下乘地之吉氣，上乘天之旺氣」。這種操作，古人稱之為「羅盤八奇」-----搪、兌、欺、探、沉、遂、側、正。八奇之中，七者均屬不吉或吉中藏凶，只有最後一奇-----正，即收藏中線，才是上上大吉的吉地。

盛產富豪的地區，即使不完全屬於大吉「正」地，至少不會是八奇之中的大凶之地。

吸納吉氣

風水首重吸納吉氣，吉氣充盈才算吉地吉宅。

風水學認為天地間有一種看不到、摸不著的「真氣」存在，這種氣不是空氣的氣，而是由天地山川空間流通、會聚、孕育、體現出來的一種只能意會，不能言表的東西。氣有吉氣和凶氣之分。能吸納最旺盛的吉氣，接收生氣，摒棄凶氣，才可以達到風水的最高境界。

《風水妙趣》

5. 福人福地天意安排

歷來有「福人居福地」的說法，很多人深信心地善良的「福人」冥冥中自有天意安排，棲居大吉大利的福地。

L先生在港島南區購置了一幢剛落成的半獨立屋，來電邀約上門定位佈局。該單位坐丑向未，以三元九運的現運配合內外氣場、格局和方位環境推算，屬於「到山到向，形巒合局」的旺宅。L先生聽罷，鬆了一口氣。

他說，上手業主月前購入後，尚未裝修入伙，突然生意失敗，只好放盤出售。L先生雖以「筍價」購得，但憂心該宅風水欠佳，因而一直未能釋懷。

L先生是慈善團體的當年總理，熱心行善捐輸，善名卓著。他事前並無請人入宅評鑑風水，大吉旺宅竟然垂手而得，可謂應了「福人居福地」的宿命。

史籍記載宋代著名文學家歐陽修的事例，從另一個角度印證這說法。

歐陽修終其一生都抗拒風水理論，認為不可信。在臨終的時候，他特意吩咐子孫安排凶日凶時出殯，並且葬在堪輿家公認形相破敗的大凶地方，藉此表明自己不信風水之心始終如一。

凶日凶時出殯之際，風雲驟變，狂風暴雨大作。歐陽修遺體下葬不久，山洪暴發，墳墓附近的山坡遭洪水沖毀，原有的風水

《風水妙趣》

格局完全改觀。原先大凶之地變成藏風聚氣的風水吉穴，福蔭子孫。德高望重的歐陽修墓穴最終化險為夷，成了「福人居福地」的例證。

傳統的風水觀念大多源於防範自然災禍的經驗累積，最初或許基於安全理由，含有防患意識，先民互相告誡，終於逐漸發展成為深入民心的風水理論。歐陽修下葬的地方公認大凶，後來果然遭遇洪患，山坡盡毀，可見當時的風水家並非信口胡言。

到山到向

「到山到向」是玄空風水學的一句專用術語，意指無論陽宅或陰宅，都得合乎山水挨星，山星和向星按照陰逆陽順的法則飛宮排佈時，如果山星或向星剛好有旺星飛到，即為到山到向，也叫旺山旺向。

玄空風水學以「到山到向」為吉，「上山下水」為凶。因此，在佈局操作時，「上山下水」局宜為「倒騎龍」格，即坐空朝滿，前有山，後有水為吉；「到山到向」局宜為「順龍」格，即為坐實朝空，後有山，前有水為吉。古籍《青囊奧語》所說的「顛顛倒，二十四山有珠寶，順逆行，二十四山有火坑」，就是指此而言。

《風水妙趣》

6. 王氣寶穴造就奇跡

偶翻《方術大全》，作者斷言明朝開國皇帝朱元璋的生辰八字屬於「四位純金格」，日主和月干合而不化，又得時干相助，因而得以貴為帝王。此語言之成理，但民間歷來更加相信，家貧如洗、當過和尚的窮小子朱元璋之所以成皇稱帝，開創大明近三百年的基業，主因是父母遺體在電光火石間，恰巧於真龍結穴的風水寶地上遭遇天葬，福澤後人。易言之，起決定性作用的是陰宅風水。

明代才子徐楨卿撰寫的野聞和清人谷應泰的筆記，都詳載了朱元璋偶得「王氣寶穴」的有趣經過⋯⋯

有一年，朱氏家鄉發生大瘟疫，朱元璋父母罹疫病歿，家貧無以為殮，兄弟二人只好用草蓆包裹，抬往山上落葬。登山途中，繩子突然中斷，無法前行。此時天色驟變，風雨大作，雷電交加。朱元璋兄弟無奈，遂躲進附近破廟避雨。風雨過後，二人重返山坡原地，竟然不見父母遺體踪影。幾經尋覓才發覺山坡曾經土裂地陷，斷繩原地隆起成丘，變成了天然墳墓。

該地方原屬一戶劉姓人家所有，戶主覺得朱家先人既然陰差陽錯落葬，可能與地有緣，遂將山坡贈予朱家。（朱元璋後來登基為皇，曾厚封劉家子孫爵位報恩，劉家主人當時已經去世多年。此事正史也有記述。）

《風水妙趣》

史學家吳晗在《朱元璋傳》中曾解釋「平地起墳」現象,認為並非不可能,因為山坡土鬆,一旦被暴發的山洪沖塌,恰巧掩埋了遺體,事屬正常。

只是葬地何以如此玄妙,能化腐朽為神奇,令墳主後代的窮小子一躍成為九五至尊的皇帝,古代的風水家深信那是「同稟天地、溝通天人」的山川靈氣「凝聚融匯於真穴」所致。

四位純金格

上文所說的朱元璋生辰八字屬於「四位純金格」,四位純金是指四柱的地支五行均屬金。(地支五行均屬金的人,並不一定貴為帝王,還須視乎命格日主和月干是否合而不化,又得時干相助。)

由出生八字構成的年柱、月柱、日柱和時柱,合稱四柱,星命家憑此四柱推算人的吉凶禍福和窮富壽夭。

四柱算命學相傳是唐代李虛中始創,其後逐漸傳至東南亞和日本等地。其實,李虛中當年僅用年、月、日所值的天干地支推算,直至宋代徐子平,才加入時的干支參合為八字,因此四柱算命學又稱「子平術」。

《風水妙趣》

7. 首富中計誤入圈套

　　中國歷史上有個「堆金積玉，富可敵國」的超級富豪沈萬三，傳說他的家居就是一個財源廣進的納財風水局，宅內有一個神奇的聚寶盆，生金產銀，取之不盡、用之不竭，所以富甲天下。

　　有一年趁遊覽著名水鄉周庄之便，特地帶備羅經杖、定位儀和附刻城門訣的羅盤等風水工具，到沈萬三故居嘗試勘測，希望解開久已縈繞於心的一個疑團：六百多年前沈萬三迅速致富繼而瞬間傾家蕩產的傳奇歷程，與家宅建築物的流年宅運、坐向吉凶和內外巒頭理氣等風水結構是否直接對應？

　　眼前的故居是參照明代沈宅原貌重建的一組建築物，原有的風水痕跡已經蕩然無存，賴以測算的重要數據都已改變，只能說重建的故居虛有其表而已。傳說中的聚寶盆也不見蹤影。

　　史書記載，沈萬三是因開罪皇帝而被充公家財，流放外地，四十九歲卒死異鄉。但據民間傳說，富甲天下的沈萬三當年是遭明太祖算計，一時不察誤中圈套，一夜之間破敗。是命中注定還是風水使然，現已無從稽考。

　　傳說明太祖朱元璋有天特別召見這位江南巨富，交給他一文洪武錢（當時通用貨幣的最小單位）作本金，代為生息，每天加翻，即明天變二文，後天四文，再後天八文。如此計算利息，一年之後連本帶利全數歸還。

《風水妙趣》

沈萬三不禁失笑，心想一文小錢每天加一翻，共值幾何？一年為期，這有何難！一個銀元寶就可換到一大堆。他接過朱元璋的一文錢，便心安理得地回家去。

轉瞬間一年過去，皇帝派人收帳。沈萬三最初不以為意，吩咐帳房如數支付。帳房費勁算出這筆帳竟是一個天文數字，沈萬三嚇得面無人色。明代首富就是如此破產，還欠下朱元璋一筆永遠無法償還的巨債。

朱元璋篤信風水

明太祖朱元璋是歷史上一位篤信風水的皇帝，他認為南京周邊的山都面向都城，呈朝拱狀，風水特佳，所以將京城設在這個「六朝故都」。據《明太祖實錄》卷四十五記載，朱元璋說「今建業長江天塹，龍盤虎踞，江南形勝之地，真足以立國。」朱元璋後來改南京地名為「應天」，並且大事改造南京的風水。

明代風水家也有同感：「天下山川形勢，雄偉壯麗，可為京都，莫過金陵。……為億萬年太平悠久之基，莫金陵、燕薊若也。」（《楊文敏集》）

《風水妙趣》

8. 異夢怨偶坦訴心曲

　　C太太來電，邀約前往多倫多北部列治文山附近一處墓園預選萬年福地；會合之後，墓園代理人駕車帶領我們巡視園內環境。C太太一路上滔滔不絕，張家長，李家短，口若懸河，說個不停。反觀C先生，一直沉默無言。

　　到了預定的區段，C太太一馬當先下車，指著前方彎角的一棵樹說，跳舞班的一群朋友都在那邊選了穴位，如果他們夫婦的命格與該處方位相配的話，她很想靠近朋友，將來到了下面，大家互相照應，畢竟方便一些。

　　拐個彎，她又遙指遠方一處土丘說，如果不相沖的話，土丘後面的另一個區段也很理想，早幾年仍屬低價時，娘家的親友都已在那邊預購了吉地。

　　在我忙於開盤勘測，採集所需的推算數據之際，她和墓園代理人去了另外一個區段觀察。

　　回望仍然端坐車上的C先生，木無表情，獨自一個人吸煙、噴煙。出於對朋友的關心，我放下手上的羅盤和測量儀等笨重工具，趨前問他是否感到身體不適。C先生連忙搖頭。

　　我又問他：提早預選這類百年歸老才用的吉地，心理上是不是有點不自在的感覺？

　　他的答覆令我頓生無限感慨：「實不相瞞，結婚以來這幾十

年，吵吵鬧鬧，無日無之，已經受夠了，我真的不想將來到了下面還要每天朝夕相對！如果他日我先走，只好認命，任由她擺佈。倘若她早我而去，事情辦妥之後，我會請你替我另覓一處可以真正安息、自由自在的福地。」

從命理學角度而言，夫妻情同紙薄，或是如芒刺在背，甚至相見若仇，既是緣，也是命，牽涉兩人命格中陰陽五行所蘊蓄的生剋制化，天生如此，實屬無可奈何。

怨偶痕跡

一對戀人從相遇、相愛，到相怨、相恨，最終以相離分手，有些人認為一切都是命，半點不由人；也有人歸因於個性不合、水火難容所致，認為個性最後影響了命運。在命理學上，一對男女是否怨偶，有明顯的痕跡可尋。

單以女方命局分析，如果四柱八字顯示以下狀況，大致可以判斷此人性格自私、暴燥而潑辣，如果另一半無法委曲求全，最終必成怨偶：四柱出現羊刃、日刃；傷官旺而且透干；羊刃沖刑；柱中刃、殺、梟俱備；官殺混而身旺；比劫沉重；魁罡刑沖；八字傷官見官。

《風水妙趣》

9. 官司譜出奇特插曲

　　香港的千億元遺產官司，中途譜出一段轟動眾生的奇特插曲——種生基。很多人前所未聞，不知何謂生機，難免覺得匪夷所思，其實種生基習俗古已有之，只是名稱不同而已。

　　種生基是結合風水操作的一種源遠流長的道家法術，古人稱為「造生基」或「葬生基」。「基」有基礎、基本、墓基之意，也曾一度稱為「作壽墳」。

　　早在漢代，有「謀聖」美譽的謀略家張良，為求修煉仙術，曾在徐州一處自選的風水寶地建造壽墳，朝夕在墳前打坐修煉。到了唐代，此一習俗更趨盛行，開元年間，名臣姚崇的曾孫姚勖在世時，在曾祖的墳墓旁邊為自己立基造墳，藉以祈福助運，延年益壽。此事詳見《新唐書》記載。

　　在其後的宋、元、明、清四個朝代，這類為消解困厄而建造假墓的記載，可謂屢見不鮮。

　　根據道教理論，人體的精氣神包含三魂七魄；頭髮、皮膚、血液甚至用過的衣物都帶有魂魄的生氣。將頭髮、指甲、衣服和其他作法用的五行物品，例如五色豆等，置於容器內，再埋葬於洞天福地的風水穴，藉此吸納天地靈氣，祈求福報，這種操作可說是上述道教理論的實踐，具有濃厚的道教色彩。

　　歷來造生基所需的風水寶穴，據記載共有八種之多，最多人

《風水妙趣》

指定尋覓的是大富大貴穴，其次是升官發財穴，隨後是鴛鴦永諧穴、子孫昌盛穴和延年益壽穴等等。

時至現代，港台等地不少富貴中人在遭遇重大災劫或身患惡疾的時候，絕望中乃興起種生基的念頭，盼望獲得一線生機。種生基是否靈驗，最終能否得償所願，言人人殊，外人頗難判斷。

種生基

種生基的風氣近年在台灣盛行，先後傳出有多位政壇和商界名人的生基受破壞，以致運程遭遇重大挫折。最先發生傳聞的是一位陳姓內閣部長，他一向不煙、不酒，但疑似罹患肺癌住院，政壇竊竊私語，說他的生基出了問題，才會有此一劫。其後又有傳言說，某黨吳副主席埋在溪水底下、上用大石壓住的生基，巧遇雷電劈開，破了風水真氣，「官運」即出問題。最近又傳出當地首富替患病胞弟種生基保平安。

有一點可以肯定：種生基幾乎都是秘密進行，不敢隨便張揚，主要原因是擔心被他人破了風水。

《風水妙趣》

10. 家族墓園仿如皇陵

古代的很多讀書人都篤信風水，認為只要覓得風水寶地，祖墳「起氣」，而所居住的陽宅又有上佳的風水配合，子孫後代自能金榜題名，仕途精進，世代富貴榮華。

宋代成書的一部筆記《揮塵後錄》，載有一件這樣的真人真事……

書生范擇善的父親有一年出門，前往上饒，途中患病，在寄宿的寺廟離世。寺廟住持是一位精通風水堪輿的老僧，建議范擇善將遺體安葬在寺後半山上一處地方。老僧說，那地方是罕見吉穴，可發功名，後人必定金榜題名。

范擇善聽從老僧建議，依言擇吉下葬。後來，范擇善果然高中科舉，從此仕途得意，官運亨通，盡享富貴榮華。

幾年後，他重返該寺後山掃墓，略嫌墓相簡陋，決定將父親骸骨起出，遷回家鄉風光厚葬。老僧極力勸阻不聽，連聲歎息搖頭。遷葬家鄉後不久，范擇善突遭橫禍，因飛語流言開罪當時權傾朝野的秦檜，受到撤職查辦。他後悔堅持遷墓，但已來不及了。

時至今日，耗費重金覓購風水寶地安葬先人、期盼福蔭子孫的現代人仍然很多。不久前，報載北京近郊一個據稱風水極佳的單人墓地，賣了一百八十萬元人民幣。在深圳，當地居民稱為「人生後花園」的西麗墓園，園中七塊得天獨厚、位於風水最佳

《風水妙趣》

地段的墓地,每塊標價二百萬元人民幣。如此天價,堪比陽間豪宅。

篤信風水的香港某巨富,曾耗資五千萬港元,在家鄉順德飛鵝山頂,營造家族豪華墓園,外觀宏偉,仿如古代皇陵。

以書生范擇善的遭遇為例,先人墓地能否福蔭子孫後代,關鍵在於龍穴砂水的配置能否「起氣」,與「炫富」心態衍生的天價或豪華完全無關。

挖墳斷脈氣

宋代成書的《揮塵後錄》,有不少篇幅記錄唐代挖墳斷脈氣的風氣。例如宦官魚朝恩挖掘郭子儀的祖墳。書中又記載黃巢「王氣」受破之事……

中和三年(公元883年),有位精通相地的太白山人,觀察到金州牛山傍有黃巢谷金桶水,當時黃巢已定立大齊年號,準備做皇帝。太白山人說,要打敗黃巢,就得挖牛山。《揮塵後錄》記載,朝廷當時派了上萬民夫,用了一個多月時間狂挖牛山,最後挖出一個石桶,桶中有黃腰獸,桶上有一把三尺長的劍。後來,黃巢起義軍果然衰敗了。

《風水妙趣》

11.「無文苦翁」變巨富

　　八卦週刊一篇文章，議論再婚後滿面春風的朱玲玲，提到這位三十多年前首屆港姐冠軍以十八歲芳齡下嫁豪門霍公子、入住霍家「風水大宅」的往事。該文章勾起了一段塵封多年、日漸褪色的回憶⋯⋯

　　一向行事低調、不喜曝光的霍家老爺（七十年代的香港首富），在為長子完婚的前一年，慨然捐款十億港元設立慈善基金，指定每年抽撥一億元資助文化教育事業。其時我在一家港報當編輯，經特殊人脈溝通，獲對方應允接受專訪，於是帶同報館攝記親臨港島薄扶林沙宣道霍家大宅，登堂入室。

　　佔地三千平方公尺的霍宅，高牆圍繞，長滿攀藤。宅地海景視野廣闊，可以遠眺東博寮海峽彼岸的南丫島和大嶼山銀礦灣一帶。大宅的另一面，可見西高山主峰摩天嶺。第一手業主是影業界一位非常洋化的名人。樓高三層的主宅，歐陸建築風格濃厚，外牆用花崗岩石砌成，屋頂舖砌紅瓦，窗戶鑲嵌了附有神獸徽號和拉丁文字樣的彩色玻璃；外形古樸，散發出一股高雅貴氣。宅旁有一個大圓亭和傭人宿舍。

　　沙宣道位於山巒脈位中央，行龍起伏。有位術家朋友稱之為「元神水過長」。 以風水吉凶而論，這是凶象，除非內局因勢利導又當別論。當時公事在身，不便「八卦」四處張望，更未帶備

《風水妙趣》

羅盤,深入察究巨富大宅的新佈局是否經過高人化凶納吉。

霍老爺坐在「滿眼芳草綠,一片百花香」的花園受訪時坦言,七歲時父親翻船喪生,全家瀕臨絕境。早年當過苦力,手指也被壓斷。言談至此,只見他眼泛淚光,憮然良久。霍氏其後時來運到,致富後購入此宅,隨即榮登本地富豪榜首位。

曾有港報專欄作家調侃,戲稱他為「無文苦翁」。霍氏曾捐獻巨款助建加拿大卡加利中華文化中心,又豈是「只把黃金置身貴」而已。文化竟由出身草莽的人解囊推動,寧不令人垂首慨歎?

並非偶然

霍家老爺受訪時,重提他經常在友人間訴說的一件欷歔往事:早年家道潦倒,極度窮困,沒有鞋子穿,平日赤足行走。有一年的年初一,霍父帶同家小穿鞋離艇上岸過新年。霍父慣窮裸腳,覺得穿鞋不自在,在大牌檔吃麵時遂除鞋曉腳。其後整天在岸上閒遊,黃昏回艇,才驚覺所穿的鞋遺留大牌檔。

霍家老爺從幼年的貧寒潦倒,一躍成為富甲一方的大亨,並非偶然。從玄學角度而論,先天註定的命、後天的運、祖墓陰宅和現居陽宅的風水等等都是重要的因素。

《風水妙趣》

12. 居玉杯宅人仰馬翻

一位 M 先生來電邀約，隨車同上港島歌賦山道，開盤鑑定他們夫婦看中的一幢大宅。回程時途徑特區某高官的官邸——前度舊主因闖禍而下台，繼任的主人遷入之前，曾經大興土木裝修翻新，改善氣場。遠眺官宅，心生好奇，於是停車端詳。

古代風水家有一套宅地與官位對應的理論，早在郭璞時代，《葬經》就有「王侯地」、「宰相地」的說法。《玄女青囊海角經》的論述更具體，詳列的「官貴之地」共有二十種之多。

達官貴人居住的官邸後來又有所謂金杯宅和玉杯宅之分。兩種「杯宅」雖然同屬官貴地，但吉凶優劣截然不同。

金杯宅的主人通常官運亨通，仕途精進，即使一時失意，也不致於一沉不起。至於玉杯宅，主人一旦在官場中出事，必定人仰馬翻，仕途宣告終結，甚至卒逝於任內。長居玉杯宅是所有為官者的大忌。

宋代刻印的名著《唐語林》，引述風水家浮圖泓對唐代兩位名臣牛僧孺和李吉甫（歷史上有名的牛李黨爭的骨幹人物）京城大宅的判斷，分別歸入金杯宅和玉杯宅。作者說，玉破即碎，難以恢復原狀，主人在官場墮馬，極難東山再起；金則具可塑性，雖殘裂仍可重新熔鑄。

北京一名副市長多年前因貪腐瀆職遭揭發，在任內自刎，經

披露的案情駭人聽聞——涉款十億、情婦二十餘、名下物業近百。他生前的官邸莫非就是《唐語林》書中所說的玉杯宅？

宋代還流行一本名叫《催官篇》的風水書，暢論平步青雲的為官之道。其後又有一本《地理五訣》，附加插圖，傳授持盈保泰妙方。眼前這幢特區高官官邸的主人，似乎有需要一一開卷瀏覽。

《地理五訣》

乾隆年間成書的《地理五訣》，是三合派風水的精髓。五訣是指龍、穴、砂、水、向。實際的操作是「尋龍、察砂、觀水、點穴、立向」。

龍就是山的脈絡，土是龍肉、石是龍骨、草木是龍的毛髮。穴有陽穴陰穴之分，陽穴指住宅地基。陰穴則指墓地。至於砂就是主龍周圍的小山，左砂叫青龍，右砂叫白虎，前砂叫朱雀，後砂叫玄武；若以風向分，又分為上風砂和下風砂。主龍前面的砂山若近前便是案山，若遠向則為朝山。伴隨山脈而行的河流便是水，「水隨山行，山界水而止。」觀水首要觀水口。

五訣之中的立向，是以陰為坐，以陽為向。兩山皆近宅前，則以較大的山為坐。如果無山為坐則以水為向，無水則以路為向，無路則以明堂為向。

《風水妙趣》

13. 興旺廿年不足為奇

　　唐代大詩人白居易寫過一首「詠宅」的詩，描述一幢朱門大吉宅良佳的風水環境為宅中人帶來好運——「主人此中坐，十載為大官」。氣場旺盛、吉氣充盈、佈局巧妙的宅舍，興旺十年甚至二十年，完全不足為奇。

　　這類「招吉納千祥」的住宅，通常都具備一些最基本的特徵。大門的方向和所在的方位，是其中最重要一環。（本人多年前根據十二部權威風水古籍精華歸納撰寫的《風水宜忌100式》，曾經逐一詳述這些基本特徵。）

　　大門是分隔陽宅內外的一道關口，更是氣道、咽喉，與宅中人的禍福息息相關。《相宅經纂》稱之為氣口，藉著門風路氣，由此「上接天氣，下乘地氣，層層引進，以完吉凶。」無怪乎清代成書的風水名著《寸白簿闡微》再三強調：「觀一宅之興旺進退，宜先從大門著眼。」

　　風水家口中的陽宅「三要」和陽宅「六事」，全部都以大門為第一位。

　　按照風水術的聚氣原理，大門必須能夠得氣、進氣而不閉氣、漏氣，才算吉門。據九宮飛星派的三元九運理論，目前所處的第八運（2004年立春至2024年立春前夕的二十年），共有六個門向（羅盤二十四向之中的丑、巽、巳、未、乾、亥）屬於「到山到

《風水妙趣》

向,形巒合局,大旺丁財。」

2004年之後這二十年間選擇新建房屋,倘若確定內外局皆屬大吉,應以上述六個門向作為首選。

中國古代建築,對大門甚至中門或房門等等的處理特別講究,可說是建築藝術精華的所在,各有不同的定位和成規。門本身的尺寸也有規定,最基本的原則是高度和寬度的尺寸不可相剋。

文筆峰

上文提到的《相宅經纂》,是清代著名風水大師高見南的著作,書中有一段文字談文筆峰,成了後世鄉村立村的指引。

他在書中說:「凡都、省、府、縣、鄉、村,文人不利,不發科甲者,可於甲、巽、丙、丁四個方位上擇其吉地,立一文筆尖峰,只要高過別山,即發科甲。或於山上立文筆,或於平地建高塔,皆為文筆峰。」文筆峰、文筆塔或文峰山,在清代曾經一度遍及每一處城鄉。

《風水妙趣》

14. 工匠洩憤蓄意作惡

　　工匠受僱建屋，興工期間自感受到主人家苛待，為洩憤而施予報復，往往在暗中設計，破壞主人的家宅風水，令宅主一家連遭橫禍，以至家破人亡。這些事在明清兩代的文人著述中，可謂屢見不鮮。

　　乾隆名臣紀曉嵐的著作《閱微草堂筆記》，記載了家族宗親中一共四人遭遇無良工匠加害的一宗慘痛往事。

　　紀曉嵐的堂祖父湛元，一門三代，相繼罹患屢醫罔效的怪病——每到夜間便心驚膽跳，輾轉無法入睡，終因疲累不堪而死。到了第四代的堂侄汝允，仍飽受此怪病折磨，一家人極之困擾徬徨。

　　據紀曉嵐在筆記中透露，汝允一家居住的祖屋因日久破舊，後來決定重修，遂請來工匠巡查檢視。

　　該工匠在巡經大廳時，發現廳角高處一處牆壁似乎內藏異物，於是用工具破壁察看。原來裡面放置了一座古舊的燈架。紀家在此定居逾百年，從未發覺該處內有乾坤。自從燈架移走之後，汝允竟然霍然而愈，每晚都能酣睡了。

　　紀曉嵐說，該燈架想必是當初建屋的工匠所放置，蓄意藉此破壞紀家的風水，令宅中歷代的主人夜間燈燭耀目，難以成眠入睡。他因而心生感慨：「此物藏壁中，即能操主人之生死；則宅

《風水妙趣》

有吉凶,其說當信矣!」

這位享有「清代第一才子」美譽的名臣,是巨著《四庫全書》的主編,博學多才,上述筆記所言應屬可信。

清代程趾祥著的《此中人語》,也有一篇文章提到工匠因洩憤而於興工建屋時,在橫樑暗放竹尺和破筆等物,最終導致宅主家破人亡的事。工匠興建房屋期間,如果蓄意作惡破壞,確是防不勝防。無怪乎古代的富貴人家大興土木時,對待建屋的工匠都非常客氣,不敢怠慢。

《閱微草堂筆記》

《閱微草堂筆記》是清代著名學者、翰林院大學士紀曉嵐在流放新疆烏魯木齊期間親撰的文言短篇志怪小說,網羅了當時他耳聞的各種狐鬼神仙、因果報應、勸善懲惡等鄉野怪譚和奇情軼事。全書雍容淡雅,天趣盎然,雋思妙語,時足解頤。

這部傳奇著作,曾遭遇災劫,原稿遺失殆盡,作者後來憑記憶,重新執筆,每脫稿一篇,即被親朋好友競相傳抄,輾轉刻印,從此馳譽海內。

《風水妙趣》

15. 家居奇事夜傳怪聲

有讀者傳來電郵，說他一位家居鄉郊的同事住所發生奇異怪事，晚間熄燈睡覺時，經常聽到仿如有人敲門的「閣閣」聲，好幾次起床走出廳間應門，但門外無人。怪聲來源不明，好像從鄰房傳出，又似乎來自牆壁之內。一家人為此坐立不安，正考慮遷居。

該讀者在電郵中有此一問：怪聲與住所的風水有沒有直接關係？

類似情形其實並不罕見，早在一千多年前的宋代，已有文人在著作中詳載其事，據李略的《說聞錄》記載，當時有一個名叫畋生的人，一家人就曾經遭遇此苦。

畋生祖上遺下的一幢舊宅，本來雅致明亮，正是大好家居，但每到傍晚，堂壁之內，就傳出銅鈴一樣的聲音，夜間斷續多次，直至日出才停止。畋生一家人不敢再住，被逼遷走。

畋生父親為此到處查詢，探求真正原因。後來，有一位精通陰陽五行的焦姓游方道士對他說，那是宅內陰陽二氣不純而引致吉氣和煞氣互相撞擊的結果，建議他鑿牆洩氣。

畋生父親後來按照焦道士的指引，在宅中偏廳的牆壁狹隘處鑿開一個小洞，讓牆內之氣外洩散發，然後再將小洞重新填補。自此以後，銅鈴聲果然成了絕響。

《風水妙趣》

李略在《說聞錄》中說，畋生長大後對此事仍然記憶深刻，視為可貴的經驗，每當獲悉親友住宅發生怪聲或不吉利事故，便建議他們破壁洩氣。

時至今日，在中原很多地區，民間仍然深信鑿壁散氣是住宅消災解難的一種有效方法。

「氣」是什麼？

上文引述的家居怪聲，源於「宅內陰陽二氣不純而引致吉氣和煞氣互相撞擊的結果」。「氣」究竟是何物？

氣在風水學中是一個很普遍而重要的抽象概念，計有生氣、死氣、陽氣、陰氣、土氣、地氣、乘氣、聚氣、納氣、吉氣、煞氣、氣脈、氣母等等之分。不論陽宅或陰宅，都要乘生氣，避死氣。

古代的風水家以氣為萬物的本源，人的禍福決定於氣，有土便有氣，人生得於氣，人死歸於氣。明代蔣平階著《水龍經》論述「氣機妙運」時說，「氣行則水隨，水止則氣止，水氣相逐也。」氣變化無窮，可以變成水，也可積淀為山川。

《風水妙趣》

第七章　中外典故

1. 外文風水著作湧現
2. 風水實踐無所不在
3. 日本民間盛行風水
4. 神秘地帶車禍特多
5. 雙果王拆解五指掌
6. 不懂風水難獲聘用
7. 調動睡床痛楚驟失
8. 前後相通人財皆空
9. 巨富大宅門庭冷落
10. 好風水難敵強輻射
11. 天生長相關繫禍福
12. 女性貞淫一望即知
13. 烏天黑地兆頭不吉
14. 貧富壽夭吉凶順逆
15. 亥時出生未必運滯
16. 稟賦特殊天生異相

《風水妙趣》

7

在歐美的書店書架上，
近年湧現大量的外文風水著作。

《風水妙趣》

1. 外文風水著作湧現

近年美加有越來越多的名人和高官篤信中國傳統風水學，禮聘專家改善辦公室或家居的氣場和方位環境。最受大眾注目的一宗個案，是加拿大魁北克省勞工部幾年前聘請了一位曾在台灣學過多年風水的法裔西婦上門勘測和擺位，引起軒然大波，成為傳媒的焦點新聞。

事件緣於勞工部支付了八千加元的顧問酬金，引起反對黨議員群起炮轟。這些議員認為，部長波爾・克萊請專家看風水純屬個人自由，但酬金應自行負擔，不應開支公帑。部長則辯稱，看風水是為公，並非私事，理所當然由公家負責。

在書店的書架上，近年湧現大量的外文風水著作，美國女記者羅絲巴哈 (S. Rossbach) 撰寫的《風水：中國的方位藝術》一直高踞同類書籍銷量的榜首。這位紐約時報的特約記者據稱曾經跟隨名師學習風水，並以六年時間鑽研中國的風水典籍，對傳統風水理論深信不疑。可惜限於文化背景的落差，字裡行間流露出來的往往是一廂情願的「想當然」，純情有餘，深度不足。

很多西方學者在談到中國的風水信仰時，都難免流於皮毛化。這些學者之中，包括第一位將風水介紹到西方的十九世紀傳教士耶茨 (M. Yates) 牧師。他於 1868 年在歐洲《中國傳教雜誌》第一卷發表的《敬祖與風水》，可說是外國人以英文撰寫的第一篇論

《風水妙趣》

述風水的文章。曾在中國傳道多年的另一位英籍教士艾特爾 (E. Eitel)，1873 年出版的《風水》一書大受西方讀者注意；序言提到香港開埠初期一些風水掌故。該書僅是趣味性濃厚，談不上識見。

德國攝影家波曼 (E. Borschmann)、英國作家布隆菲 (F. Bloomfield)、澳洲悉尼大學地理系教授斯金納 (S. Skinner) 等等名人學者，都曾先後出版過以風水為題的著作，不約而同認為風水是一門複雜而微妙的學問，可惜書中的論述仍如隔靴搔癢。

風水名著

海外各地書店的書架上固然舉目皆見大量外文風水著作，在歐美某些大型圖書館同樣不乏華夏大地早已失傳的一些風水古籍。

本書作者多年前，在胡適曾擔任過館長的美國普林斯頓大學葛思德東方圖書館書目上，赫然發現四部明代的風水刊本。其中由徐善繼兄弟合撰的《人子須知資孝地理心學統宗》，全書四函共二十四冊。該書成於嘉靖四十三年，萬曆年間重刊。乾隆年間所編的《四庫全書》未見收錄，顯然當時已經失佚。

此外，明代江西風水大師周視著《陰陽定論》三卷共六冊，也珍藏館內，書中有周氏自述，謂他所著尚有《地理問答》、《倒杖秘訣》等堪輿書籍。另外兩部明代風水刊本分別是《地理紫囊書》和《地理參贊玄機仙婆集》。

《風水妙趣》

2. 風水實踐無所不在

美國通訊社發放的一則新聞謂，加州的伯賓 (Burbank) 郡正流行風水熱，連警政部門和法官也對風水着迷。當地的警察總長聘請了風水專家改善總部風水，提高警員士氣和效率。

據稱，當地一位法官在警方召開的研討會上坦言，他個人篤信風水，每次審案時如果獲悉被告居住的房屋以前也有人犯過類似罪案，他相信是壞風水促成，會考慮從輕量刑。這位法官深信居住環境的風水磁場在很大程度上干擾人的思維和行為，既可令人奮發圖強，也會誘發犯罪。

伯賓郡警方的統計也發現：在某些房屋居住的人特別傾向作奸犯科。警方的統計結果從另一角度證實法官所言不虛。高層承認，分區警員都有一份屬區「黑屋」名單。

在中華大地上，歷代的中國人其實早就套用風水術趨吉避凶，改善生活環境，力求天人合一。他們知道：風水上佳、吉氣充盈的家居可達致家宅平安、家運昌隆的境遇。

傳統的風水實踐，早已滲透中國歷代建築工序的每一個環節，從選址規劃到設計建造，處處浮現風水元素。這種古老學說不但蘊藏中國古代哲理、美學、心理、地質、水文和景觀等方面豐富的內涵，而且反映了對儒、釋、道的認知。風水理論還兼具世人如何順天應人的課題，可以說是中國傳統文化的自然產物。

《風水妙趣》

最先把風水概念轉介到西方的,大部分是十九世紀來華傳教的教士。歐美讀者從他們的著作中清晰窺見風水的面貌,進而對風水學說產生相見恨晚的興趣。

在今天的西方,沉醉於風水奧妙的人不再局限於在建築設計規劃上注入風水元素的建築師,似已擴展至警察和法官這一類行業。

風水在德國

據「德國之聲」電台的中文網報導,自八十年代開始,風水的研究和應用引起了越來越多人的興趣,專業研究和推廣風水學的機構如雨後春筍,先後出現在慕尼黑、柏林、科隆等德國大城市,手持羅盤、金髮碧眼的風水大師隨處可見。

經濟學家勒斯伯格在柏林主辦的風水研究中心,最近開設風水課程,傳授風水基礎知識,內容包括羅盤的使用、八字的推算以及風水在商業活動中的應用。課程完畢後,學員要參加一次考試,合格者可以獲授證書。

《風水妙趣》

3. 日本民間盛行風水

手頭上有日本學者吉野裕子著的《陰陽五行與日本民俗》和《易經與祭祀》兩書的中譯本，311地震海嘯發生後，重新翻閱，感慨良多。

早在一千三百多年前的奈良時期（中國唐代），日本就陸續派遣學子來華留學，學成歸國時帶回大批中國學術經典。從平安時期成書的名著《作庭記》中，可以清晰發現日本民間當時已經盛行風水。書中提到青龍白虎等四方之神，又以宅舍前後的環境推算宅運的吉凶。書中上卷詳論曲水環繞的大吉宅地，聲稱居龍腹屬吉，居龍脊則凶；作者提倡在宅舍周圍植樹，藉此營造四神具足的格局。

時至現代，仍有不少日本人在興建新住宅或辦公大樓前，請家相師勘測風水，擇吉日吉時舉行動土祭，在地盤的四角插竹枝竹葉，又在四周的泥土中埋下刀劍、小鐵人之類的物件，化煞辟邪。

中國歷代的風水家將宅內東北角45度（艮方）視為容易招陰的鬼門，日本的「家相學」也是如此，忌諱該方位，斷為陰氣深重的角落，不在「鬼線」上設門、建廁；建宅時往往空置東北一隅，在空出的地上刻上猿猴化煞。

日本通行的日曆都附印吉凶的預卜，方便用者參考，黃道吉

《風水妙趣》

日稱為「大安」,「佛滅」則為大凶日,又有所謂「友引」、「先勝」、「赤口」、「先負」等名稱。

日本人同樣深信「開門見灶,錢財多耗」,避免在面向大門的地方設灶;也相信灶有灶神,《古事記》說:灶神體為五行之土,以火為用,灶中炭稱為燠。

日本人講究風水固然與他們崇尚自然環境、熱愛山川河嶽和草木土石攸關,同時體現了他們深受中華文化根深蒂固的影響。

日本學者

日本學者吉野裕子著的《陰陽五行與日本民俗》一書,從日本民俗中祭祖、驅邪、吉祈、防災、避難、節慶、拜神、咒物、神話等資料,分析中國陰陽五行思想對這些現象的形成與發展的影響。

作者提到中國商朝以陰陽概念將數字分成兩類,奇數為「剛」,偶數為「柔」,再配合干支之說,將日子分成「剛日」(甲丙戊庚壬)及「柔日」(乙丁己辛癸),奇數日為「剛日」,偶數日為「柔日」。作者吉野裕子引述《禮記‧曲禮》的「外事以剛日,內事以柔日」,證明商朝的百姓已經懂得以陰陽五行的觀念作為規劃生活的依據。

《風水妙趣》

4. 神秘地帶車禍特多

早在二千五百年前的孔子時代，就已出現相地術。據《詩經》記載，當時有個名叫公劉的人，到處觀測百泉水源，瞭望田野平原，登上南面山嶺時，還可遠眺京城。其後有更多史書陸續提到「太保朝於洛，卜宅，厥既得卜，則經營」這類堪輿卜算的相地選址操作。

原來在古代的歐洲，也有類似的相地活動，方式雖然不同，但有異曲同工之妙。

古代歐洲很多地方的人，在選地建城之前，必先趕一群羊到預選的城址放牧一年，再查看羊的內臟是否出現病變。如果發現異樣，就放棄該地方，另覓新址。這是歐洲古人趨吉避凶的一個原始而有效的方法。

報紙曾刊載過一則與此相關的花邊新聞。波蘭首都華沙有個地方車禍特別多，汽車每次經過該地方，司機和車上乘客都有頭暈腦脹的不適感覺。最令人大惑不解的，是車禍都是發生在天氣良好的日子，而肇事的司機又都是經驗豐富的一輩。

當地政府部門發現，豬牛羊狗等牲畜都不願意在該處久留，一踏足某個範圍，即回頭急忙跑開。華沙市民稱該地方為「陸上神秘百慕達三角地帶」。

政府交通部門後來聘請專家調查探測，結果發現該處的地底

《風水妙趣》

下有很多盤纏彎曲的蛛網狀下水道，交叉重疊，形成強烈的輻射，進而影響地面人畜的精神狀態和行為，造成車禍接二連三不斷發生。專家的調查還發現，當地居民受強烈輻射的干擾，患白血病的人數較其他地區高出很多。

《詩經》史詩

《詩經》共有五篇史詩，《公劉》是其中一篇，歌頌古代周族英雄公劉帶領周民自邰遷至水草豐茂的豳地，定居並發展農耕畜牧的史實。這首頌歌可說是周國的開國史詩之一。在歷史上，周族共有五次大遷徙，公劉帶領族人自邰遷豳是第一次，對周民族未來發展起了重要作用。他當時既是先族人之憂而憂，也是後族人之樂而樂。

在遷徙過程中，公劉到處「行地宜、取其用」，找尋流泉、水源，觀察田野平原，登山攀嶺，為族人物色適當的定居之所。整個過程其實也就是現代的相地選址看風水。

《風水妙趣》

5. 雙果王拆解五指掌

每次來到星加坡公幹，必到別稱風水城的「新達城」走一回。舊地再臨，站在五指樓拱抱的財富噴泉旁邊，觀賞水花四濺，聆聽泉聲樂韻交鳴，確乎賞心悅目。

五指樓是五幢經精心測算定位排列的商業大樓，象徵五行的生剋制化，所在的方位構成一隻張開的左手掌的五指，大拇指位置上建築的一幢，樓高十八層，其餘四指上的四幢均為四十五層。設計獨特的噴泉位於中央的掌心，由馬路貫通氣場，吉氣到此結聚。該噴泉直至目前仍是全球最大，名列「健力士世界大全」。

噴泉取名「財富之泉」，佔地近一千七百平方公尺，頂上的圓環由四根高達十四公尺的青銅巨柱支撐，泉水向內噴湧。據稱泉水噴至三十公尺高點時，負離子能散發強烈的能量，令人感覺身心舒暢安泰。五指樓和噴泉的左手掌奇特風水佈局，更蘊含深長的寓意：天下財富盡收我掌。

此一格局同時體現佛教和印度教的曼陀羅世界觀；圓環象徵完整、圓滿，象徵無盡的力量源泉。也有人將五指樓和噴泉佈局歸為「五鬼運財格」或「金龍五爪抓珍寶」。

新達城大商場落成以後，鄰近商業區商戶生意一落千丈。對手急謀對策，後經高人指點，在測定的方位興建了兩座榴槤館，藉以拆解。眾所周知，榴槤是熱帶果王，體型碩大，外殼堅硬，

《風水妙趣》

滿佈尖銳利刺，倘若手掌不慎碰觸，必定皮破血流。雙方交手過程微妙有趣，限於篇幅，此處不贅。

新達城是八十年代香港十一位富豪聯手投資，經當年李光耀總理批准興建，建成後立刻成了星加坡的地標，至今遊人絡繹不絕。

《玉函秘術》

星加坡新達城的五指掌格局，寓意「五鬼運財」。五鬼運財局源於唐代御用風水師楊筠松珍藏的天下孤本《玉函秘術》，具有濃厚的九星法的龍、向、水色彩，因而又稱天星局。

據謂此法如果運用得宜，可迅速發富發貴，但必須與實際天運、坐向、環境、天命造化等等數據巧妙配合，才可應驗。後期的操作又結合了道家的法術和符咒。此法如果運用不當，傳說容易令人遭受反噬，吐血甚至暴卒。

《風水妙趣》

6. 不懂風水難獲聘用

　　房屋風水可吉可凶；按飛星派理論，吉或凶完全視乎運盤、山盤和向盤的飛星而定。只要當旺、組合佳，則為吉；反之則凶，甚至大凶。

　　有些時來運到的當旺建築物，按古籍的判斷：「易發橫財，子孫興旺，富並陶朱。」但另外一些交上惡運的房屋，則「主官非牢獄，招血光回祿淫邪。」

　　有一年自加返港，經友人推荐，應聘轉赴馬來西亞的吉隆坡勘測一幢花園大宅。晚上飯局閒聊，宅主在席間談起他一位遠房親戚的近事，連聲欷歔歎息。

　　原來該親戚是物業發展商，一家人自遷入名下新建大樓頂層的複式住宅之後，受惡劣氣場的影響，性情純良溫順的妻子逐漸變得暴燥，經常為小事大發雷霆，多次情緒失控，拿廚刀追斬丈夫。最後一次，她在追逐時竟登上陽台的椅子狂叫，揮刀亂舞，電光火石間突失重心，整個人向外傾斜，翻過欄杆，墮樓殞命。

　　事發之後，大樓頓成凶宅，再經過當地傳媒廣泛報導，上下各層租客爭相遷出避邪，大樓人去樓空，一如無人之境。

　　該位親戚其後從風水高人方面獲悉，大樓運盤、坐向和設計屬於風水上的「六六七合」格局，犯交劍煞，因而埋怨主事的建築師不懂風水犯了大忌，令他遭此災厄。

《風水妙趣》

建築師倘若完全不懂基本風水常識，不慎建造了破財損丁、釀災闖禍或招口舌惹官非諸如此類觸犯風水大忌的房屋，最終受拖累的可能的確是發展商自己。無怪乎鄰國星加坡很多發展商，都要求受聘用的建築師必須懂得風水基本常識並持有修讀特定風水班的證書，否則不獲錄用。

交劍煞

按飛星派理論，「交劍煞」是流年的凶煞之一，每年所在的方位都不一樣，意指兩顆星的組合，即飛盤中六白、七赤同宮所犯的煞。七赤破軍為賊星，六白、七赤在五行上又是同屬金，有相爭相耗之意。

交劍煞主夫妻爭鬥、兄弟成仇、家人受傷、遭遇賊劫等等。交劍煞很容易化解，通常用水洩之。

《風水妙趣》

7. 調動睡床痛楚驟失

按照傳統的風水學理論，五行的木、火、金、水、土分別代表東、南、西、北、中五個方位，再與十天干對應，構成五方，即甲乙木東方，丙丁火南方，庚辛金西方，壬癸水北方，戊己土中央。

歷來的風水家非常重視憑藉一個人的生辰八字推算出來的命卦；人生中很多重要的環節無不取決於命卦，大吉方向即簡稱的吉向，是其中之一。順向則吉，逆向則凶，居所方位或睡眠方位向凶，難免病痛連綿。

然而，倘遇特殊狀況，命卦顯示的吉向未必全屬大吉。

德國有個名叫瑪麗娜的女教師，自從遷入新居，脖子便感到不適，常覺刺痛，連點頭搖頭都有困難。她四出求醫，但群醫束手無策，不知病原，病情每況愈下。其後她接受一位友人的建議，調動了睡床的位置。幾個星期後，出現奇跡，瑪麗娜的痛楚突然消失無蹤，不藥而愈。

地質專家的研究早已發現，地球表層有密如蛛網的地電流穿過，這些地電流和局部地磁擾動而產生的電磁波輻射，即地輻射，與地下水脈有密切關係。

專家說，地下水流動時，可形成一股能損害人體、具強大力量的地輻射。在地下水道的交叉處，地輻射的強度特別大。這種

《風水妙趣》

能量高於宇宙射線的地輻射，有強大的貫穿力，可以穿越地面和水泥地板，向空間產生作用。

睡床和辦公桌如果剛巧安放在輻射線的交叉點之上，便會受到傷害，出現各種病症。遷入新址，如有不適的感覺，可能是逆向佈局，風水不佳；也可能是受地輻射干擾，不妨考慮調動睡床或辦公桌的位置。倘若證實是地輻射所致，可穿上採用新物料製作的衣服抵禦干擾。

五行術

木、火、金、水、土構成的五行，是中國方術的基本理論之一。古人將五行代表的五種物質，視為組成天地萬物的基本因素，認為五行之間有相生、相剋的關係。五行學說在中國古代天文、曆法、醫學、術數等等方面，都有舉足輕重的地位。

據東晉葛洪撰寫的《神仙傳》記載，古代有一種「五行術」，依據五行的相生相剋演化事物。有個名叫章震的人，精於五行之術，能立起風雷雲雨，化草艾為龍虎六畜，非常神奇，觀者歎為觀止。

《風水妙趣》

8. 前後相通人財皆空

鄰居日人伊籐夫婦一家三口有一個由來已久的習慣：從外面回到家裡在玄關除鞋後，必定將鞋子反向放置——鞋頭全部朝著大門方向。原來很多日本人都有此習慣。他們深信，穿過的鞋都無可避免帶有外界塵世的煩惱，不能讓這些煩惱越過玄關範圍，順向登堂入室，進入全家的安樂窩，擾亂家居安寧。

玄關是從大門進入客廳的緩衝地帶。傳統風水學認為，這是家宅防止宅內旺氣外洩和抵禦外煞內沖的一道屏障，是風水佈局操作上非常重要的一個環節。

有些人以為「玄關」是日本名稱，其實源出道教用語，原意是「眾妙之門」，最早見於道家經典《玉皇心經》，其後出現於佛教的《普燈錄》。唐代大詩人白居易也在詩句中提到「玄關」二字。在日本，最先採用玄關設計的是禪寺，方便方丈和善信出入，直至江戶時代才普及至民居。

日本的傳統住宅都設置玄關，其他地方的很多現代建築也可見玄關。然而，當今仍有不少住宅，不論是獨立房屋或者大廈單位，大門與後門或陽台又或者後窗同在一條直線上，前後通透，進入大門一眼便望到外面雲天。如此穿通格局，不僅易生「穿堂風」，損害人體健康，而且容易洩財漏吉氣。

禳解這類「前後相通，人財皆空」洩水局，最簡便的方法就是在這

《風水妙趣》

條直線上靠近入門處加置屏障,形成玄關,藉以聚納吉氣、抵禦外煞。加置的屏障,無論磚牆、雜物櫃、鞋櫃、屏風皆可,視實際需要而定。

按照傳統風水理論,來自外局的凶煞計有形煞、氣煞和光煞三大類共約二十多種,其中尤以天斬煞、天刀煞、開口煞和刺面煞最為凶險。在玄關妥善佈局不僅可以防煞避邪、聚納吉氣,還可美化宅舍環境,令人進門之後眼前一亮,賞心悅目之餘,進而感受宅主的高雅品味。

穿堂風

住宅出現前後通透的穿通格局,容易產生損害人體健康、洩財漏吉氣的「穿堂風」。 穿堂風又稱穿堂煞,通常產生於前後門相通的通道或門窗相對的房間。風向通常由向陽一側流向背陰一側,風速則視乎兩側的溫差而定,溫差越大,風速越快。

生物學家在非洲的研究發現,當地草原有一種犬鼠,牠們挖掘的洞穴有兩個出口,一個是平的,另一個是隆起的土堆。專家最初不了解原因,以為犬鼠把其中一個洞口堆成土堆,是為了建造一處視野開闊的防衛性瞭望台。但是犬鼠如果在兩個洞口都堆上土包,有兩個瞭望台豈非更佳。後來發現,正是由於兩個洞口形狀不同,才使地面上的風吹進洞穴,帶進涼風,造成空調效果。對於生活於洞穴的犬鼠而言,這種穿堂風當然就不是穿堂煞了。

《風水妙趣》

9. 巨富大宅門庭冷落

途經多倫多著名「富貴區」一幢中東風格的名宅，只見門庭冷落車馬稀，忍不住下車凝視端詳，感慨良多。這幢大宅的主人是香港連續多屆富豪榜上排名前十位的一位巨富，雖已年逾八十，仍然留守港地老巢，迄今尚未回歸安樂窩頤養天年。

回首八十年代大宅初置，成交價加裝修費高達八百餘萬加元，一時傳為城中佳話；其後又以大浴缸趣聞成為市井茶餘飯後的談助。事緣宅主從歐洲購回一個巨型浴缸，因體形碩大無法經由大門進宅，最後決定破開浴室屋頂，借助起重機吊起浴缸放進浴室。

歷來都有不少人營謀大宅，金雕玉砌，企盼晚年優游享福，最初未嘗沒有頗多的如意計算，只是到頭來如願以償者寥若晨星。

驀然想起始建於明代正德年間的蘇州拙政園：清代一大臣自從擁有該園之後，經之營之，園林景觀壯麗無比，成了四大名園之首；該大臣常以此炫耀，向同僚自詡。豈料人算不如天算，終其一生從未踏足蘇州半步——得意時周旋官場；失意之際充軍邊塞，死於荒疆。

凝望眼前的香港巨富大宅，清人筆記中的一句名言浮現腦際：「幾許朱門鎖空宅，主人到老不曾歸。」

去年陪伴香港友人到此區觀賞時發現，在距離該巨富大宅不遠處一幅地積逾二畝的地段上，有一幢面積三萬平方呎的歐洲宮

《風水妙趣》

廷式新宅拔地而起,樓底穹頂天花高達三十八呎,主人房面積接近三千三百平方呎,當時以二千三百萬加元放盤。同行的友人似乎極感興趣,多番詢問該宅風水吉凶。

宅以氣旺為吉。風水古籍《黃帝宅經》的翔實分析提到住宅的「五實」、「五虛」,斷言人少宅大屬於五虛之一,可令宅中人虛耗,宅局氣弱,最終滋生門庭冷落車馬稀的景象。

風水意境

風水源於先民擇地棲居的實踐,是中華民族追求理想安居環境的產物。蘇州拙政園深刻體現了歷來風水家追求的自然美、曲線美、均衡美、象徵美和陰陽美。

園中山石、池沼、林木、花卉、鳥獸、蟲魚盡皆蘊含自然真趣,給人以寧靜平和的感受。全園盡顯「水必曲,園必隔」和「不妨偏徑,頓置婉轉」的曲線美。又以「一勺代水、一拳代山」的象徵手法,構築丘山溪壑、清流碧潭、明月清風的龐大意象。靜坐亭中觀看行雲流水、鳥飛花落、止水靜、游魚動,靜動交織,自成佳趣和意境。拙政園整個空間佈局,以高雅的意境營造出均衡的風水陰陽美。

《風水妙趣》

10. 好風水難敵電磁波

　　一位在發電廠擔任文職工作的女士傳來電郵，說她入住現在的大廈單位這三年間，先後小產兩次，夫婦情緒極度低落。詢問家居風水是否很差，才有這種事情發生？

　　單憑電郵描述，很難判斷家居風水的吉凶。這位女士的日常生活固然感受家居風水的效應，其實同時也受到職場風水的影響，兩者的力度各佔百份之五十。假設家居風水極佳，丁財兩旺，但工作場所風水極差，家居的好風水必定大打折扣，就不一定諸事順遂大吉了。何況風水之外，我們每一個人還深受另一個重要因素的干擾。

　　現實生活環境中，原來滿佈嚴重損害人體細胞結構甚至導致小產的電磁場(EMF)磁波輻射。高壓電塔、各類電器、地底礦石甚至建築材料所產生的電磁場輻射，遍及家居和職場每一角落，危害性視乎其強弱而定。倘若睡床或辦公桌無意中安放在電磁波最強的位置，身體長期暴露在強輻射的干擾之下，健康當然受損害了。

　　身體愈弱的人愈容易中招，嬰孩、孕婦和長者最易受傷害，輕則頭暈、失眠、記憶力衰退、經常不適；重則百病叢生，或者出現癌症。融匯古人智慧的風水羅盤，未能探測生活環境中的電磁波，實屬美中不足。

《風水妙趣》

十多年前應聘到加州公幹，在當地的電子器材店發現一具德國製造的電磁波探測器，喜出望外，立刻購下，用作風水羅盤以外的一件輔助工具。這十多年間的實際操作，證明該探測器確乎「造福利人」。

每次登門開盤替客戶揀選房屋，即使羅盤顯示該處坐向、宅運、氣場、卦象、內局間隔和外局環境等等數據全屬上品「大吉」，倘若手上電磁波探測器的液晶屏出現足以危害人體健康的超標毫高斯(mG.)，我仍然視為「大凶」類，建議客戶不要考慮；畢竟「平安」值千金。

電磁場輻射

英國科學家的最新研究發現：電磁場輻射對人體影響禍延下一代。剛完成的實驗顯示，感染輻射的白老鼠所誕下的小鼠，體內細胞出現嚴重病變。

賴斯特大學的專家在研究報告中說：受電磁場輻射傷害變異的細胞，會一代接一代傳下去。最保守估計，也會傳兩代。

這些英國科學家又指出，前蘇聯切爾諾貝爾核電廠意外事件中感受輻射的男性居民，精子大受破壞，有機會把輻射傳至下一代。

《風水妙趣》

11. 天生長相關繫禍福

讀者 T 女士添丁，傳來初生男嬰的照片、生辰八字和家居平面圖，垂詢該如何替嬰兒選擇睡房和安床。傳統風水學在這方面有非常清晰的幾點指引，其中最重要一點是盡量避免《紫白訣》所說的「八白三碧相逢」或「八白四綠交會」的方位。

八白屬艮土，代表少男，遇流年飛星的三碧或四綠飛臨，主多疾損丁，對小兒極不吉利。八白艮土在宅中的位置，因房屋坐向不同而大異。茲因牽涉沉悶而複雜的理氣推算，將以電郵作答，本文不贅。傳來照片中的男嬰頂高凸，頭短圓，正是歷代相學家所推許的「可成大器」相，故且在此饒舌幾句。

相學家深信，吉人自有天相，認為一個人的天生長相關繫禍福。按照中國傳統的相學理論，「凡欲相人，必視其首」。頭是一身之尊，百骸之長；人是否屬於貴格，在很大程度上視乎頭顱的形相而定。

傳統相學認為，頭骨「頂凸者高貴，缺陷者夭壽。」頭短而圓，每多福壽富貴。相學家特別看好頭顱短圓、兩足方厚的人，稱之為「天圓地方」。相學典籍《人倫大統賦》聲稱，最貴格的人不僅頭短圓，足方厚，而且還是蓋額有八骨的「牛角八方」形狀。傳說有「十全老人」之稱的乾隆皇帝就是這麼一副長相。

傳言當年乾隆皇下江南微服出巡，看到一瞎子為人剃頭，技

《風水妙趣》

巧純熟而不失分寸。他一時興起，躍然一試瞎子的刀下功夫。然而，失明剃頭師一摸乾隆的頭，竟然愣住了，一動也不敢動。乾隆覺得詫異，問他為何不動手。瞎子輕聲道：「擁有此頭者，當在天之下，萬人之上。莫非貴客就是當今聖上？」

瞎子一摸便覺察眼前人「牛角八方」，屬於罕見的貴格，可謂道行高深。

乾隆八字

除了「牛角八方」的特殊長相，乾隆的生辰八字同樣特殊。乾隆生於康熙五十年（1711年）八月十三日子時，其生辰八字四柱是：辛卯、丁酉、庚午、丙子，以辛金命，生於酉月，庚金之下有午火，丙丁二火同時出干。

清代之前的命理典籍評鑑此類八字時早有判斷，如此命局好色，但必成大器。

乾隆開創清朝盛世，微服下江南，留下不少風流韻事。乾隆的生辰八字中，地支「子午卯酉」四極齊全，顯示其桃花極盛，風流好色。歷史上拋開後宮三千佳麗，親下江南獵艷的皇帝，只有乾隆一人。

《風水妙趣》

12. 女性貞淫一望即知

本書第一章其中一篇介紹「古訣推算貴人方位」，文末提到命格顯示貞操觀念薄弱的女性，不宜再透過風水佈局加強日常生活中的貴人運，以免弄巧反拙，助長「人盡可夫」傾向。讀者 G 女士傳來電郵詢問：在生辰八字之外，是否還有其他方法可以判斷女性的貞淫？

唐代文人張文成撰寫的《朝野僉載》一書，記述了一則有趣的典故，大概可以回答上述問題。

當時一位朝廷大官的趙姓美妾，曾請著名相士張憬藏替她看相。張憬藏端視鑑貌，說她雙眼長而漫視，眼神渙散，應了相書所說的「豬視者淫」，而且她眼有四白（眼珠四周露白），正是傳統相書斷言的「目有四白，五夫守宅」，最終可能因淫亂而被廢，勸告她修心慎行，好自為之。趙氏聽罷，翹唇暗笑，一步三搖離去。

後來的事態發展果然如此，淫蕩的趙氏因與下人私通（即俗稱的「偷漢」、「勾佬」）而被逐出豪門。

上面提到的眼長豬視、目有四白、翹唇暗笑、一步三搖，全是傳統相書中舉列的淫蕩女相。古人憑藉長期實踐，總結的這類判語多達八十項，是生辰八字之外，鑑定女性貞淫的經驗之談。

這種相術在漢代已具有雛型，有《相法十六篇》行世，稱為

《風水妙趣》

「風鑒」，隋唐時代又出現了經典名著《玉房秘訣》，深信人的所有表相都含有個人命運的深層意蘊。此後歷代，大量相書排山倒海湧現。

明代成書的世情小說《金瓶梅》，全書六十回處處滲透看相算命的情節。字裡行間對判斷女性貞淫的著墨尤其細緻入微，足見此術當時已經深入民心，連小說作者也通諳該時代盛行的相術命理，而且功力極為深厚。

四白眼

傳統相書對於眼珠小而形成四周露白的人即所謂四白眼者，均展示負面判斷：男性容易死於意外血光橫禍，女性則傾向淫亂不貞、人盡可夫。（環顧影視界，不乏這類女性。）

漢王符的《潛夫論・相列》固然有此論述，聲稱「為人多白眼。相揚四白者，兵死。」《唐書・方技・袁天綱傳》也持類似論調。

相書斷言，四白眼的人腦筋靈活但冷酷狡猾，日常生活中為達目的而不擇手段。這類人一生易招意外，因此不宜從事高危行業，日常駕車尤須特別小心。

《風水妙趣》

13. 烏天黑地兆頭不吉

友人自謂對黑白二色情有獨鍾，垂詢可否全屋採用白色傢具，並將天花板和地板髹上黑色。友人的設想無疑頗具創意。以五行屬性而論，黑色屬水，白色屬金。這兩種顏色是否都配合宅中各人的命格，故且不論，在此僅就黑天花黑地板的配搭提出一些管見。

傳統的風水理論以天清地濁為基本原則，其實這也是天道法則。太上老君的《清靜經》也曾提到「天動地靜，天清地濁」。倘若天花板和地板均為黑色，那就不是天清地濁，而是烏天黑地，反其道而行了。

歷來的風水家以天花板為天，地板為地，牆壁代表人，因此選擇顏色時奉行天清地濁的法則。折射在實際的風水操作上，天花板多採用白色或較淺的顏色，地板色調較深，牆壁顏色則依據宅中人的命格推算，深淺視乎視覺效果而定，務求三者反映變化而不流於單調。

從風水環境學角度衡量，人生活在這樣的宅舍內，自然感覺身心舒暢，進而力求臻於天地人圓滿和諧的境界。

黑天花黑地板的配搭，有不少負面意義。四字詞中的烏漆墨黑、烏燈黑火、烏雲壓頂、烏煙瘴氣，都令人產生不快感覺。歷史上有一段悲壯的慘事，史家曾用「烏天黑地」描述……

《風水妙趣》

相傳朱元璋一統江山，當上皇帝之後，窮奢極侈，民間稅役繁重，湖廣二省隨後發生大旱，天災加人禍，民不聊生。各地民眾不甘坐以待斃，相繼揭竿起義。其中張家界土家族首領覃垕率領的部族聲勢最大，朱元璋親自帶兵征討，將覃垕擒獲，下令剝皮處死。行刑時風雲變色，飛沙走石，烏天黑地，京城七日七夜日月不明，晝夜不分……

史家筆下的「烏天黑地」竟是如此慘烈的景象，在家居之內採用黑天花黑地板，兆頭大凶，易招不祥聯想，可免則免。

天羅地網

面相學上也有「烏天黑地」的說法，指額頭「天庭」部位和下巴「地閣」部位呈現暗黑烏雲，其人霉氣必重，災劫難免。

此外，命理學又有「天羅地網」的論述，以戌亥為天羅，辰巳為地網。如果甲辰命見甲戌，甲戌命見甲辰，即逢天羅地網。宋代徐子平的《三命消息賦注》說，「天羅地網者，戌人不得見亥，亥人不得見戌，謂之正天羅；辰人不得見巳，巳人不得見辰，謂之真地網！遇之者災病連綿，不獨歲運忌逢之，四柱亦不宜也。」《三命通會》坦然指出：「男怕天羅，女怕地網。」

《風水妙趣》

14. 貧富壽夭禍福吉凶

人的富貴貧賤、憂樂壽夭或禍福吉凶，受各種因素支配，歷來有「一命二運三風水，四積功德五讀書，六名七相八敬天，九交貴人十養生」的說法，可謂明確而扼要的總結。

事實確乎如此：先天註定的命、後天的運、先人祖墓和現居宅舍的風水吉凶、平生的行善或作惡、是否發奮讀書求學問、名字和面相手相的好壞、敬拜或褻瀆神靈、平生來往的是貴人還是小人、身軀的保養是否恰當得宜等等，對於整個人生歷程的好壞順逆都具有舉足輕重的影響。

近年在珠三角一帶看風水時，我經常聽到有些人在「五讀書」之後添加「六走後門七擦鞋」，那又是另一番風景了。

單說先天註定的命，同年同月同日同時辰出生的人，吉凶順逆或壽元長短其實也未必完全相同，除了關乎命格五行和出生地區喜忌的配合，還與風水甚至食祿的消耗有關。

清代第一才子紀曉嵐在其著作《閱微草堂筆記》中透露，他一個侄兒與家僕的兒子同一天同一時辰在同一屋簷下誕生，後來的命運竟然大相逕庭：侄兒十六歲突然夭折；家僕兒子則健壯如牛。

擅長算命的紀曉嵐推斷，這與命中註定的「食祿」有關。兩人同一命格，上天所賜的食祿相同。紀氏侄兒生於富貴，終日錦

衣美食，畢生應享的食祿提早耗盡；家僕兒子出生貧寒，每天省吃儉用，食祿所耗有限，是以仍然健在。

除了關乎食祿的消耗，後天的婚姻更是重要因素。以孿生兄弟或孿生姊妹為例，在婚前的生活環境也許大致相同，但結婚的配偶不同，由此而導致的婚後運程就可能出現天淵之別了。

面相食祿位

擅長算命的紀曉嵐將侄兒十六歲突然夭折，歸因於提早耗盡食祿。命理學上固有「食祿」的說法，人的面相上也有食祿位。

食祿位又稱「食倉」，位於「人中」兩側男性長鬍子的地方，食祿寬闊，主豐衣足食，生活安逸無憂；食祿如果呈現狹窄，等同家宅廚房狹小，大魚大肉少緣，生活捉襟見肘，即貧寒窮困。上下唇生痣稱為食祿痣，可享口福。

人中和食祿互為關連，人中深長的人，屬長壽之相，食祿亦佳。人中是指上唇上方正中的凹痕，有些古籍稱為「水溝穴」、「溝洫」、「壽堂」、「子庭」，是面相十三個部位之一。

《風水妙趣》

15. 亥時出生未必運滯

有朋友傳來電郵，說他購置了一幢剛落成的新居，一位學過風水的同事替他開盤勘測，指新居大門向「亥」不吉，而夫婦兩人恰巧又是運滯的亥時出生，宅命相沖云云。這位朋友提出了兩個問題：大門向亥的房屋是否風水差劣？亥時出生的人是否一如俗語所說「一生運滯」？

2004年立春至2024年立春前夕落成的新居，列入第八運建築物，亥向（322.5度至337.5度）即西北偏北330度加減7.5度的15度範圍。據九宮飛星派的三元九運理論，這是第八運二十年間二十四山向之中納吉聚氣最佳的六個門向之一，並非「風水差劣」。

至於「運滯」說，亦無合理根據。坊間以亥時出世形容運滯，大抵因為「亥」「害」諧音，借此引伸，比喻際遇坎坷。

通俗命理古籍《三世相法》，列舉不同時辰出生的人可能遭遇的不同命運，從中可以看到，無論春夏秋冬哪一季的亥時出生，都是一生富貴，名利雙收。當然，該書立論不足為信，與正統的命理典籍相比較，未免顯得太膚淺。

另據著名學者尤達人著的《現代名人命鑑》載，不少顯赫大人物雖是亥時出生，卻非一生運滯。第二次世界大戰時備受世人推崇的美國總統杜魯門是其中之一。他生於1884年5月8日晚上10時許，即夏曆甲申猴年四月十四日亥時。精於命理的朋友屈指

《風水妙趣》

細算,當知此命格福份不薄。

此外,日本天皇裕仁生於公曆 1901 年 4 月 29 日晚上 10 時 25 分,也是亥時出生的人,終其一生,享盡榮華富貴,福祿壽全。

荷李活著名導演施蘇特美,向以氣勢磅礡的大製作馳譽世界影壇,名垂影史,是另一個「亥時生人」。

《三世相法》

命理古籍《三世相法》源於諸葛亮的《古三世書》。唐代袁天罡後來根據《古三世書》改寫,溶入自己撰寫的《六壬課》、《五行相書》、《袁天罡稱骨》精要,編成目前流行的《三世相法》。

該書可根據每人的八字查前世、今生和來生的命歷和財運。作者認為,前世因,今世果,此生是貧是富,早有定數。影響今世財運的,正是自己的前生。

《風水妙趣》

16. 稟賦特殊天生異相

友人傳來電郵，以其新老闆的晚運相詢。從附傳的照片觀察，印堂開闊，山根豐隆，齒大目秀，而且鼻高顴拱，人中深長，口如含丹，田宅宮亦屬飽滿，倘若命格和家宅風水都能巧妙配合，其人晚境富貴安逸不言而喻。

傳統相術以面貌、形態推測吉凶、稟性和命運，歷經數千年的實踐，早已形成內涵豐富、異常獨特的判斷系統，在若干方面驗證奇準。

早在春秋時代，有名士曾替孔子看相，指他額像帝堯，眼如帝舜，頸似大禹，嘴若皋陶，相貌非凡，具王者風範，可惜肩聳脊瘦，命途必定坎坷，終生失意。事後證明確實如此。

越國大夫范蠡也是此中高手。他察覺越王嘴尖頸長——此類人只能共患難而不能同富貴，因而在大功告成之後毅然歸隱，遠走齊國。但另一功臣缺乏知人之明，戀棧權位，最後慘遭賜死，抱恨而終。

歷代頗多名傳後世的人物，稟賦特殊，生就一副與眾不同的異相。閱讀古人著述，常有意想之外的妙趣發現⋯⋯

帝嚳駢齒（牙齒無隙，長成一片）；帝舜、楚霸王目有重瞳（一隻眼睛有兩個瞳孔）；皋陶馬口（嘴巴突出）；倉頡有四隻眼睛；晉文公、張儀的肋骨連成一片；蘇秦鼻子殘缺；劉邦臉龐

《風水妙趣》

像龍，左大腿有七十二顆黑痣。

劉備更離奇，兩耳垂肩，雙手過膝，眼睛能看到自己的耳朵，而且面如冠玉，唇若塗脂。關羽身高九尺，髯長二尺，面如重棗，丹鳳眼，臥蠶眉；漢高祖的呂氏皇后，陰毛過膝。明太祖朱元彰生來五嶽朝天⋯⋯可謂五花八門，目不暇給。

後漢王充的《論衡》說，從人的相貌可以窺知人的命運。上述各人天生異相，果真運程非比尋常。

齒剛舌柔

老子的恩師常樅曾向老子張開嘴巴，讓他察看口腔的形相。原來牙齒全都脫落了，口腔僅剩下舌頭。老子立刻豁然悟出「齒以剛折，舌以柔存」的道理。

老子從此揚柔貶剛，認為懷柔較之剛烈更受用，因此他鄙視武器，厭惡戰爭，視之為最不吉祥，因為戰火可導致瘡痍，生靈塗炭，「大軍之後，必有凶年」。

在劍拔弩張的日子，讓我們都能記取古哲的嘉言慧思。

《風水妙趣》

第八章　玄術品味

1. 起錯名字遺患深遠
2. 嫁娶吉日選擇須知
3. 白無女喪拼事業線
4. 你是個好男人嗎？
5. 六個特徵易發橫財
6. 相旺命好風水佳
7. 好色多淫縱慾無度
8. 牆外桃花霧水情緣
9. 鴛鴦離異頭號殺手
10. 為下一代預選八字
11. 古人如何研習風水
12. 江中陸上貧富殊異
13. 全程行運下站升職
14. 歷代建築風水留痕

《風水妙趣》

8

起名忌用帶有強烈時限的字。
到了雞皮鶴髮之年，有些名字難免招人另眼相看。

《風水妙趣》

1. 起錯名字遺患深遠

晚來天欲雪。深宵書房夜讀清人林牧著《陽宅會心集》之際，憑窗外眺，忽見白花翩然飛舞，月照滿天雪，一如古人所說「未若柳絮因風起」，「撒鹽空中差可擬」。

凝望皎潔白雪，想起詩人白居易謔戲青樓名妓的妙事。雅人妙趣，令人開懷莞爾。

名妓仰慕白居易文才，請他為初生女嬰起名。詩人問她嬰兒父親姓甚名誰。名妓無以奉告，粉臉通紅，低首不語。白居易若有所思，為該女嬰起名「皎皎」。名妓滿心歡喜，到處炫耀；識者無不嘻哈絕倒。

原來白居易以古詩「皎皎河漢女」句中的「河」喻「何」，隱示「皎皎不知是哪一個漢子的女兒」，意趣洋溢，謔而不虐。

名字猶如人的外在包裝，也是一個人的符號，一經起取，不僅長伴終身，還傳諸後代。古人以名表德，認為名正則言順，名善則榮，名惡則辱，為自己或子孫起名，十分謹慎，以免遺患深遠，因此粵諺有謂「不怕生壞命，最怕起錯名」。

台北有一名十三歲少女潘金蓮，因姓名與《水滸傳》中的淫婦「潘金蓮」相同，校內同學常以「西門慶」、「武大郎」取笑她，以致精神大受打擊，影響學業。父母當初替她起名時，未料有此一着，結果禍延女兒。英文名字亦然，如 Kitty、Fanny、Cherry

《風水妙趣》

此類,既已淪為低下階層的粗言穢語,其義不雅,就不宜選用了。

十多年前在報上發表過一篇拙作《名字伴終身起取須謹慎》,曾列舉「起名須知」的九項基本禁忌,包括忌用小、少、童一類帶有強烈時限的字,以免到了雞皮鶴髮之年,名字招人另眼相看。內文還引述了台灣一項統計:報上刊載的凶案受害人和犯案匪徒的姓名,大部分均屬「災厄類」,若非五行相剋或陰陽失調,便是總格大凶。無怪乎名字的重要性在傳統上排列第六,僅次於「一命二運三風水,四積功德五讀書」,足以影響人生的富貴貧賤或窮通壽夭。

普遍採用的名字

有人統計過香港年輕一代最普遍採用的名字,發現在三萬人之中有79個嘉欣、76個淑儀、67個嘉敏、58個志偉。以下按採用人數多寡,依序排列另外28個常見名字:嘉慧57、慧敏57、詠詩55、佩珊53、美玲51、俊傑49、慧儀48、嘉儀48、敏儀46、偉傑45、嘉雯45、偉雄44、鳳儀44、美儀43、志強43、佩儀42、家俊40、偉明39、嘉豪38、淑芬37、慧玲36、凱欣36、詩敏35、志豪35、淑貞34、思敏34、家豪34、婉婷34。

以上名字如果配合姓氏和生辰八字推算,是吉是凶,此處不宜逐一評論。在此舉列統計,僅作資料參考而已。

《風水妙趣》

2. 嫁娶吉日選擇須知

友人擬於明年為幼子完婚，來電囑咐代選婚禮的黃道吉日。按照傳統習俗，選擇嫁娶大喜日子有頗多禁忌，若干重要原則更要遵循，故且簡略一談。

首先，須盡量避免四離日、四絕日以及歲破、月破等破日。每月六天的三娘煞（初三、初七、十三、十八、廿二及廿七），也須棄用。結婚擇日避忌三娘煞，源自一則有趣傳說：相傳專為天下未婚男女撮合姻緣的月下老人，當年沒有替花容月貌的三娘牽引紅線，以致她終身無伴。三娘懷恨於心，經常與月老作對，以破壞新人喜事作報復。因此，不少人都深信三娘煞之日不宜結婚，以免招惹麻煩，遭遇意想不到的挫折。

最適宜辦喜事的吉日，該是「貴人明現、五行相生」、與男方財星及女方官星都沒有沖剋的日子。該日當然也必須配合雙方家長的生辰八字，不能與雙方父母命格的用神相沖。

此外，在一對新人及其父母、未婚兄姐的生日當天成親，屬於喜沖喜；如果選擇已經亡故的雙親的生忌和死忌的同一天結婚，則屬喪沖喜，均皆不宜。

除了上面所說的日子，其次就是揀選月份。每年正月，適逢過年，又有初七人日和十五元宵兩個大節，整個月份喜氣洋溢，為避免與大喜相沖，民間俗例每多捨棄選用正月婚配。農曆三月

《風水妙趣》

和七月有陰氣極重的清明節和盂蘭節，同樣不宜辦喜事。

至於年份，雙春年（該年年頭和年底各出現一個「立春」）、閏月年（該年陰曆出現十三個月）或雙春兼具閏月的年份，向來視作宜娶宜嫁的吉年。雙春之年的下一年即全年沒有立春的「盲年」，則有人避辦喜事。然而，盲年也有大吉大利的日子，因此在盲年嫁娶並無不可。

民俗還普遍奉行另一類禁忌：同一家人在一年內不辦兩次婚禮；有直系親屬辭世，該年也不辦喜事。

黃道吉日

吉日的判斷，是依據黃道上六大吉祥星辰（青龍、明堂、金匱、天德、玉堂、司命）的運行而確定。古代星宿家認為，這六大星辰得之屬吉，不得為次，悖之則凶。

古代星宿家深信，無論喜喪慶典，都應擇吉進行。在黃道吉日嫁娶，諸事吉利。反之，在凶神值事的日子，結婚、移徙、祭祀甚至立約、安葬，皆屬不宜。

第二次世界大戰期間，日本於1941年12月8日偷襲珍珠港。按照黃曆，當天是大吉日；對於時間相差十多個小時的西半球美國而言，事發時仍是12月7日，是大凶日。盟軍1944年6月6日在諾曼第登陸，當天也是大吉日。偶然巧合乎？擇吉效應乎？

《風水妙趣》

3. 白無女喪拼事業線

　　八卦週刊一篇議論某少女模特兒突然富貴的短文，連用幾個近日在香港潮男潮女群中大行其道的「潮語」：忽然「水浸缸瓦舖」的嫩模 X，遷入新購置的豪宅，在朝向大門的牆上掛了一面大鏡，每天外出偕同其他「白無女」行商場「喪拼」前，例必在鏡前細意凝視自己深長的「事業線」，端詳一番……

　　短文中的「水浸缸瓦舖」意即「盤滿砵滿」（富裕）；「白無女」是白痴無知無聊女的縮語；「喪拼」即英文 Shopping 的調皮音譯；至於「事業線」，此處並非說掌紋，而是指胸脯的乳溝，源出一齣電視劇的一句對白，經傳媒再三引用，迅即流行泛濫。閒話表過，言歸本文重點：鏡。

　　大門是全宅的氣口，關乎宅運的吉凶。按照傳統風水術的納氣原理，鏡對大門足以阻礙進氣聚氣，屬於陽宅佈局上的大忌。進門見鏡，吉氣和財運都會受損，除非大門外面正對路沖或惡形惡相的各種形煞，才以大鏡對之，藉以反射，化解煞氣。

　　古人很早已有「明鏡察形」、「窺鏡而自視」的記述，常以「鏡花水月」形容虛幻、奢望；鏡子如同雙刃劍，可放可收，可吉可凶，安於吉則吉，置於凶則凶。因此，鏡子除了忌對大門，也不宜面對房門、廚門、廁門，更加不宜面對神明、財位、床頭、爐灶、餐桌、書桌、窗戶。兩鏡互對，嚴重干擾宅內氣場，尤須

避免。

　　設置大鏡的最適當地方是玄關兩側，不僅在視覺上擴闊內明堂的空間，加強吉氣和財氣的吸納，而且在生活上也為每天出門前提供了察視儀容、整飾衣履的最大方便。上述那位居住大廈的□模X，家門之外應無惡煞，何妨換一個位置，將大鏡移至大門內側，每天外出前仍可照常凝視端詳自己的「事業線」。

事業線

　　「事業線」原指手上從手頸部位向上朝土星丘延伸的一條直線掌紋，古稱玉柱紋，也有人稱之為命運線。古代掌相家深信，憑藉這條掌紋，可以清楚判斷該人的事業狀況和貧富寒逸。

　　一般而論，事業線宜平直、深刻、清晰，忌曲折、淺薄、分叉或出現島狀紋。

　　事業線平直、深刻、清晰的人，事業有成，財運亨通，生活安逸富足。反之，勞碌奔波，窮愁潦倒，甚至飽嘗牢獄之苦。事業線的長短、走向以至彎曲狀態和起止位置，在很大程度上顯示該人的生態和運程。

《風水妙趣》

4. 你是個好男人嗎？

坊間常有人道：「不想發財的男人，不是好男人。」此言未免過於武斷；然而，若以這一標準衡量，你是一個好男人嗎？易言之，你想發財嗎？

現實生活中，想發財又如何？生辰八字若非清代名著《三命通會》所斷定的「日主柔弱，無緣受用」，選住一間吉宅，再在宅內財位催旺財運，倒不失為實際可行的「發財」途徑。

陽宅風水首重人口平安，丁財兩旺，力求「門前無債主，家中無病人。」因而在宅舍佈局的操作過程中，財位的測算和定位必定列為首要。

風水古籍《天玉經》雖謂「水上排龍點位裝，積粟萬餘倉」，強調「真水居於水上排龍旺位，主富有」，但後世眾多的風水家在宅內勘測出旺財的方位後，都避免在該方位放置盛水的器物，反而採用生機勃發的大葉植物，或安放吉祥物件，增旺財運。

陽宅財位的測算和定位，歷來常用的方式有四種：一是以大門為一重點，在廳堂對角的吉方（非凶方）定位；二是按九宮飛星「八白」飛臨的方位確立；三是根據宅舍的二十四山向確定；四是採用八宅派理論，以四吉方之中的延年方為財位。

古代的風水家認為，財位的定位必須準確無偏差，才可發揮納吉招財的風水效應。財位倘若恰好落在廚房甚至廁所的位置，

必定損耗財運。缺角的房屋也會影響納吉聚財。

按照古人的理論，財位有五宜六忌：宜明亮潔淨、宜生氣旺盛、宜坐立、宜睡臥、宜保持大吉（放置吉利物件）；忌壓、忌水、忌空、忌暗、忌污、忌沖。欲想「發財」，千萬留意。

《天玉經》

上文提到的《天玉經》，傳說是風水界奉為宗師的唐僖宗御用國師楊筠松所著，是風水理氣著作中最重要的經典，曾因戰亂失傳。該書內容艱澀難解，直至明末，經蔣大鴻輯錄註疏、破譯，才得以廣泛流行。從此之後，以玄空卦理為基礎的江西派風水理論，逐漸為人接受，繼而深遠影響後世。

蔣大鴻的《地理辯證》發表後，群起效尤，陸續註釋者不知凡幾，各人根據不同理解，各抒己見。一時間，珠玉紛陳，百花齊放，後學者眼花繚亂，無所適從。

《風水妙趣》

5. 六個特徵易發橫財

不勞而獲的意外之財，統稱「橫財」。常言道「馬無夜草不肥，人無橫財不富」，此言是否過甚其詞，不在本文深究之列，在此僅欲探討究竟哪些人「橫財就手」，經常受上天青睞，與財神共舞，連獲意外之財。

如果你有幸高中彩票大獎，衷心恭喜你，這就是橫財！這是運氣，與個人的才能、是否勤奮工作，完全無關。

高中彩票大獎，頓獲巨額財富，可能是府上的橫財風水格局極佳，因而不費吹灰之力，安然沾受家宅風水吸納的恩澤。

在宅舍的玄空飛星風水排盤中，如果排得來水的方向屬於當時而得令，也就是來水正處於鴻圖大運的時段，就可以發橫財。山水有靈性，風水格局也有興衰的時段，旺財的宅運可久可暫，還須及時把握。

有些人天生橫財運，不必依靠宅舍風水，也可招納橫財入戶。綜合歷代古籍的論斷，這些人通常有六個特徵：

1. 大拇指較長——以男左掌，女右掌判斷，大拇指的指尖伸展至食指的第二節，即超越中間節的下節線。

2. 掌心露白——手掌周圍呈現微紅，掌心則顯露白色。

3. 無名指有垂直紋貫通——垂直紋直通指下的坤宮位（太陽丘）。

《風水妙趣》

4. 鼻長而翼薄——鼻由山根部位至準頭部位稍長，鼻的兩翼則較薄。

5. 眼睛黑白分明——眼珠黑，周圍白，黑白分明。

6. 八字出現子午卯酉——生辰八字的四柱地支出現子午卯酉四個字。

你如果全數具備上述的六個特徵，恭喜你！橫財也許已經入戶，或者近在咫尺，一旦時來運到，隨即應運臨門。

子午卯酉

在命理學的四柱八字中，子、午、卯、酉皆代表桃花星，四柱地支見兩星以上，意味該人一生艷遇多。此四顆桃花星在四柱地支所處的位置不同而有不一樣的判斷，如果子午卯酉位於年支或月支，稱為「牆內桃花」，意即重視生活情趣享受，大都行於夫妻之間。倘若子午卯酉落在時支，稱之為「牆外桃花」，該人較傾向拈花惹草。

判斷男性的姻緣桃花及婚姻狀況，通常看八字中的正偏財、配偶宮(日支)、神煞桃花、紅豔煞、孤寡等等的刑、沖、合、害等。

《風水妙趣》

6. 相旺命好風水佳

克林頓擔任總統時，一次偕同夫人希拉莉乘車。希拉莉對身畔的丈夫說，前面道旁的那個清道夫就是她年輕時的初戀情人。克林頓洋洋得意笑道：「要是當初嫁了他，妳現在就是清道夫老婆，而不是總統夫人了。」希拉莉不假思索回答：「你錯了，如果我當年嫁給他，他現在就是總統了！」

有一段頗長時間，美國一些傳媒經常調侃、嘲弄克林頓，上述的笑料坦然道出希拉莉的強勢和自信：旺夫。

綜合古籍的論述，女性是否旺夫，視乎是否「相旺命好風水佳」。「相旺」至少有十個一目了然的明顯特徵：面形方正、下巴豐腴、唇紅齒白、鼻高樑挺、耳珠厚大、人中深長、眉如柳葉、嘴若櫻桃、毛髮軟綿、聲音柔和。

希拉莉是否「相旺」，又是否「命好風水佳」，此處不論。且說婚後定居美國的香港息影紅星葉玉卿，肉包兩顆三峰聳，生辰八字又是得時得地得勢，皆屬命相典籍上所說的天生旺夫格。多年前在紐約一家日本餐館的飯局上，我打趣說，如此旺相好命，「若嫁乞丐，乞丐當發。」葉玉卿夫婦聽罷嘻哈絕倒。若論家居風水，他們一家現居的長島莊園名宅可算罕見的旺夫宅。

莊園方圓十二英畝，原是美國頂級銀行家摩根 (J.P. Morgan) 早年送給次子的結婚賀禮，內有高爾夫球場、室內外泳池。除了樓

《風水妙趣》

高三層共十一個房間、面積逾萬方呎的主宅,另有兩幢招待親友或供司機、傭人使用的副宅。葉玉卿夫婦購入後大事翻新改建,園內有一個營造了飛瀑流泉的葫蘆「8」字湖,頭枕乾方,腳踏坤方;主宅兩個偌大主人房的「坤順乾健」格局,均蘊含妻榮夫旺的風水玄機。

自從遷入莊園巨宅,家財迅速暴漲,單是開支龐大的豪華私人飛機便擁有兩架。豪灑金錢,足見荷包滿脹,旺夫之宅顯然並非浪得虛名。

何謂「風水好」

以宅地而論,何謂「風水好」?如果用風水名著《宅舍秘笈・九歌十訣》中提到的「地有十富」和「地有十貴」作為衡量的標準,十富和十貴出現的比率越多,風水也就越好了。

地有十富是:一富明堂高大,二富賓主相迎,三富降龍伏虎,四富木雀懸鐘,五富五山聳秀,六富四水歸朝,七富山山轉腳,八富嶺嶺圓豐,九富龍高抱虎,十富水口緊閉。

地有十貴是:一貴青龍雙擁,二貴龍虎高聳,三貴嫦娥青秀,四貴旗鼓圓豐,五貴硯前筆架,六貴官誥復鐘,七貴圓生白虎,八貴頓筆青龍,九貴屏風走馬,十貴水口重重。

《風水妙趣》

7. 好色多淫縱慾無度

在紐約友人邀約的飯局上，毗鄰而坐的一位剛從廣州公幹回美的男教師口若懸河，高聲誇談其在花叢中翻雲覆雨的艷遇情史，自言多年來奉行「三不主義」（不主動，不拒絕，不負責），御女無數，享盡大江南北的鶯燕溫柔。此人言詞自負，頗有「風流顯赫，捨我其誰」之慨。

傳統相學有「相由心生，表裡相應」的說法，認為從一個人的言談舉止、形神氣色和外在五官面相，大致可以判斷其正邪、品格、氣量、能力、學養、識見，甚至終生運程和窮通壽夭。

冷眼旁觀鄰座這位萍水相逢的中年男士，雙目水波浮現，似笑非笑，田宅宮凹陷，下眼臉向上彎，眼睛下面的男女宮位置呈現黯雲，鼻樑山根部位皮下泛浮青意，十足相書斷言的桃花淫相。其言語的輕浮更與名著《太清神鑑》判斷的君子「言不妄發」相距十萬八千里。

面帶桃花或命帶桃花的男女，通常較易吸引異性。據命理學理論，倘若命帶桃花而無制化或遭遇沖破，又或者命屬牆外風流桃花之中的金釵花或遍野花，其人必定好色多淫，縱慾無度。

倘若丈夫亦是如此，不安於家，經常在外拈花偷香，風月留痕，妻子情何以堪？從風水角度而言，欲想消解宅內桃花地的禍劫，令丈夫早日覺醒回頭，清末風水家恆常採用一個頗具成效的

《風水妙趣》

方法佈局：在確定的桃花地放置一瓶安忍水（混合清水、粗海鹽、龍紋銀和五帝銅錢製成）。

　　至於每一個生肖的宅內桃花地所在方位，根據廣泛流行的一組風水口訣，生肖屬虎、馬、狗的人，桃花地在東方90度。生肖屬猴、鼠、龍的人，桃花地位於西方270度。生肖屬豬、兔、羊的人，桃花地則在北方360度。生肖屬蛇、雞、牛的人，桃花地位於南方180度。

桃花淫相

　　相由心生，有諸內而形諸外，「相」反映了妙不可言的心理狀態。這位以作育英才為己任的教師，也許知道自己言行應該多加檢點，但天生桃花淫相，無可奈何。

　　有一句「望鄉台上摘牡丹」的歇後語，意指某些人到了陰間，做鬼仍然風流，即使登上望鄉台，此時此地還要採摘牡丹花。以「品性難移」四個字形容這類人的行為，大概不是過甚其詞。

《風水妙趣》

8. 牆外桃花霧水情緣

上文談到一位生就桃花相的男士，自言多年來雖不主動但御女無數，享盡大江南北的鶯燕溫柔。天生桃花相的女性是否也有類似的易聚易散的霧水情緣？

天生桃花相的人，不論男女，人緣通常較佳，容易吸引異性，但不一定全屬好色多淫的縱慾之輩。由於生辰八字不盡相同，是以造化殊異。

在命理學上，命中桃花除了牆外桃花、牆內桃花、裸體桃花、咸池桃花、沐浴桃花、遍野桃花、滾浪桃花、倒插桃花，又有所謂紅艷煞和桃花馬等十多種。這些諸色桃花是否「入命」，影響運程生態，視乎其人命局而定。

以命帶「牆外桃花」的人為例，明代命理學家的判語是「臨風曼妙姿，聚結孽障緣」，「桃花出牆外，眾人隨手摘」。這些人易招異性孽緣，造成桃花劫，追求者雖多，但情緣短暫，見異即思遷。男性婚後仍然常「偷吃」，到處留情；女性則不安於室，十之八九紅杏出牆。

曾有八卦雜誌列刊一批天生桃花相的影視界女藝人相片，並附錄她們先後交往或曾傳緋聞的男友數目，逐一品評，內容頗具趣味性。去年留港期間，有天早上出門，恰巧路遇其中一名相中人牽狗漫步，一身便服素顏，不施脂粉。擦身而過之際，近距離

《風水妙趣》

細意觀察，發現她眼角魚尾妻妾宮部位浮露青斑紅紋，鼻下人中部位有數條幼如蛛絲的橫線。具此特徵的女性好淫多夫，古稱「艷虎」，列為紅顏中最薄命的牆外花。

在風水學而言，倘若住宅爐灶所在的方位處於宅中心，而且又是背宅反向，再加上宅中人命屬牆外風流桃花的金釵花或遍野花等十多種不正桃花的其中之一，其人拈花惹草或紅杏出牆，在外面招致異性孽緣，造成桃花劫的成數就很高。

背宅反向

據傳統的風水理論，廚房爐灶最忌背宅反向，倘若住宅大門朝南，爐灶切忌向北。爐灶與大門兩者的方向相反，就是背宅反向。

背宅反向最明顯的效應是拖累家運，易招口舌是非甚至無妄災劫。《黃帝宅經》等風水典籍在這方面都有詳細的論述。

《風水妙趣》

9. 鴛鴦離異頭號殺手

香港藝壇一對年輕夫婦驟傳婚變，報紙娛樂版和八卦周刊熱議，連串的秘聞、內幕排山倒海湧現，讀者目不暇給。

該對夫婦的家居風水隨之成為大眾聚焦的目標。恩愛鴛鴦中道離異，原因多不勝數，住宅風水不吉可能只是其中一個誘因而已。

中國大陸民政部門剛公佈的統計顯示，全國離婚率連續七年遞增，平均每天破碎解體的家庭超過五千個。究其家變禍根，牽涉「小三」的婚外情名列頭號殺手。

昔年生計艱苦，貧賤夫妻百事哀，極其量只是牛衣對泣，尚不致於輕言離婚，為妻者更不致於因丈夫琵琶別抱而輕生自毀。而今席豐履厚，為夫者飽暖思淫，情海屢掀波瀾，輕則以化離告終，重則太太自殺尋死，大好家庭就此崩潰，禍延親生骨肉，遺下嗷嗷待哺的稚齡子女，不能不使人撫膺歎息。

明知山有虎，何以偏向虎路行？明知溫柔鄉是英雄塚，何以仍然視塚如歸？或許真箇英雄氣短兒女情長，「英雄無奈是多情」。

無可諱言，夫婦家變有可能涉及家居或職場風水，但也有可能導源於先天的命局和後天的人運等等因由。如果夫婦二人命格相沖相剋或任何一方流年桃花入命而無制化，白頭到老的機會就

《風水妙趣》

會相應降低。

　　從風水層面論斷，家居倘若屬於羅盤的空針、騎縫、兼線等等納氣不純的敗局，又或夫妻睡床安放在煞位、病位、忌位、流年五黃位等凶方，周圍的負能量都可能導致和諧暫失，情緣異化，每天吵鬧不斷，最終因第三者的加入而驟生家變，以分手收場。

匹鳥鴛鴦

　　鴛鴦又名官鴨、匹鳥、鄧木鳥、烏仁哈欽，是經常出現在古代文學作品中的鳥類。鴛鴦自古以來就是美滿婚姻的象徵。歷來新房的風水佈局，常以鴛鴦擺件或裝飾作工具，期盼百年好合、夫妻長安永諧。很多結婚用品，諸如被、褥、衾、枕等等，也以鴛鴦為吉祥圖案。

　　鴛指雄鳥，鴦指雌鳥。鴛鴦形影不相離，振翅必共飛，游則嬉水同樂，棲則連翼交頸而眠，倘若喪偶，存者終身不再匹配，因此古人稱為匹鳥。

《風水妙趣》

10. 為下一代預選八字

　　人生在世，富貴貧賤或禍福吉凶，受很多因素影響。傳統上有一句深入人心的口語：「一命二運三風水，四積功德五讀書，六名七相八敬天，九交貴人十養生」，可謂一語中的，簡明而扼要。

　　先天註定的命（生辰八字）、後天的運（人在時空大環境中的交織遭遇）、祖墓陰宅和現居陽宅的風水（所謂「地吉苗壯，宅吉人旺」）、平生的行善或作惡、發奮向上求學問、名字和面相手相的優劣、敬拜或褻瀆神靈、結交的是貴人還是小人、保養軀體元素是否得宜等等，都是關鍵因素。

　　時人在熱衷勘測風水之外，流行替即將出生的下一代選擇生辰八字。孕婦剖腹生產通常是出於醫療健康的需要，但現在很多人尤其是台灣、香港兩地的人，多是為了嬰兒有個上佳的生辰八字，期望「助子成龍、助女成鳳」。

　　從命理學觀點而言，出生年月日時（即四柱）的天干地支八個字必須配合得宜才算是好八字，並非單靠吉日或吉時就可以製造未來的富貴榮華。剖腹生產充其只能自定月份、日子和時辰的兩個字至六個字而已，年份的兩個字顯然不可能自行選擇，多少還得靠「天意」。

　　此外，八字的先天命局對人一生際遇的影響，並非絕對。

《風水妙趣》

「命好不如運好」的傳統說法，就是指此而言。

同一個生辰八字，如果性別不同，後天大運的排法完全相反。因此，擇吉剖腹之前，必須確定胎兒是男是女。萬一擇了男嬰的上佳八字，結果出生的竟是女嬰，那就大為不妙了。

上佳八字其實不多，可供選擇的範圍很窄。八字之中，牽一髮動全身。同一個月之內，可配的吉日不多；一日之內，可配的吉時也不多。要年、月、日、時都配合得宜，談何容易。何況剖腹出生並非自然的瓜熟蒂落，自定的八字在推算運程時是否作準，也是一個必須兼顧的問題。

八字推命術

命理學家以人出生的年、月、日、時，配以天干地支，共計四柱八個字，稱為四柱八字，簡稱八字，據此而推算人一生的吉凶禍福壽夭。八字推命術相傳創自唐代李虛中，實際上李虛中僅用年月日所值的天干地支共六個字推算，直至宋代徐子平才加入時辰的干支參合為八字，根據其五行生剋推命。因此，八字推命術後世又稱為「子平術」。

日本現在流行的相傳由日人安部晴明創造的四柱推命法，實際上是在唐代自中土傳去。

《風水妙趣》

11. 古人如何研習風水

偶翻本港老牌大學校外進修部的招生章程,「風水」名列其中。風水課程似已從社團、工會、和街坊福利會主辦的形形色色講習班教室,登上大學殿堂。研習風水熱潮逐漸興起,固然雜有獵奇心態,無可諱言,背後有其根深蒂固的文化根源。此中因由,暫且不表,本文僅談如何研習風水。

佛隱著的《風水講義》,有一章介紹研習風水「秘訣」,開宗明義要求初學地理(風水堪輿)的人「先將正五行、三合五行、雙山五行一一記清,四局中生旺墓養,四大水口,全不相混,某是木局之生旺,某是火局之生旺,某某是水局,金局之生旺,再將羅盤層層記熟,層層講究明白,自會使用。」

作者又建議初學者「知龍之生旺死絕,穴之陰陽之氣,砂之貴賤,得位失位,水之吉凶,進神退神,一一辨認清楚。」

此外,作者又要求初學者「每到一地,首看龍之生旺死絕,水口在某字上,生山生水,臨官有峰無峰,二十四字用線牽動開,按龍法入首二十四圖,依法立向,或生或旺,或墓或養,或自生自旺,則葬後鮮有不發者也。」

上文所說的二十四字,即壬子、癸丑、艮寅、甲卯、乙辰、巽巳、丙午、丁未、坤申、庚酉、辛戌、乾亥,都在羅盤的外盤,以之分配生養、沐浴、冠帶、臨官、帝旺、衰、病死、墓、絕胎

等九宮。

現代人學習風水，在兼具慧根之外，倘若擁有較深厚的舊文學根基，得以直接閱讀歷代典籍精華，必定更加方便步入風水堂奧，貼身傳承，迅速吸取先賢經苦心鑽研而孕育的精髓。

傳統智慧有「取法乎上，得法乎中；取法乎中，得法乎下」之句，向卓然成家的古代第一流名家取法，總勝於單純閱讀某些根據現代日本「家相學」譯文改寫的風水文章。

取法乎上

在《永樂大典》、《四庫全書》、《古今圖書集成》等巨型叢書的堪輿類項目，都可找到大量古代學者風水著作的書名。近年出版的《中國叢書綜錄》，一共三冊，收錄了二千八百種至今尚存的術數經典。其中第一冊附有《全國主要圖書館收藏情況表》，可以查到這類典籍的藏書狀況。第二冊的分類目錄詳列《術數類・堪輿之屬》，收錄了現存的所有風水古籍。直接閱讀歷代典籍精華，自可吸收書中的「原汁原味」。

歷經天災人禍，部份書籍可能已經散佚，但很多名著迄今仍然廣泛流行，甚至隱伏於外國一些圖書館。

《風水妙趣》

12. 江中陸上貧富殊異

　　明代身經百戰的朝廷大官孟無菴，在湖北當地方官時，有天單人匹馬出巡，在漢江畔遇見一名手提大魚的漁夫。

　　漁夫相貌奇偉，顯然並非一般的凡俗，看見孟大人騎馬迎面而來，遂恭順讓路，退避路旁。孟無菴下馬接見，好奇詢問漁夫姓名、家世和生辰八字。

　　漁夫自報的生辰八字竟然與身世顯赫的孟大人完全相同。深諳風水命理的孟無菴大吃一驚，不免刮目相看，決定扶他一把，替他在官府安排一個官職，豈料漁夫斷然拒絕。

　　漁夫說：「每個人的富貴貧賤各有定數，我們二人的生辰八字雖然相同，但用神喜土，大人居於陸上，所以榮華顯貴；我長於船上，四面皆水，每天朝夕浮沉水中，所以貧賤。」

　　漁夫看見孟大人面露詫異神情，繼續對他說：「我以魚為生計，無甚災難臨身，知足常樂。一旦突然富貴加身，恐怕承受不起，反而會因不勝福分而致禍。」所以斷然婉拒孟大人的美意。

　　孟無菴一再邀請、解說，但漁夫態度堅決，不為所動，最終連聲叩謝，安然潤步而去。

　　此事詳載於明人朱國禎撰寫的《湧幢小品》。事實顯示，當時的人，上至朝廷命官，下至漁夫走卒，對命理風水都有不同程度的認識，足見玄學術數在當時非常普及。

《風水妙趣》

上述的漁夫知道，自己的生辰八字宜土忌水，因此雖與大官相同，命中的用神、喜忌一樣，但自己浮沉於屬水的江中，孟無奄則居於屬土的陸上，生活環境固然不同，風水五行更是大異，富貴貧賤自然就完全不一樣了。

何謂用神

上文提到所謂用神，是命理學術語，指日干所用之「神」，即四柱八字或大運中，對於日干起補短救偏或具有助成促進作用的一種五行。四柱命局以用神為核心，用神健全有力與否，影響一生的運程。用神取自月干最佳，其次為時干，最後是年干。用神得力者為上命；無用神可取者，則屬下命。如果日干五行太弱，須以相生的五行輔助；如果太強則以相剋的五行抑制。

《三命通會》認為，「用神最忌損犯，兼怕分竊，不宜太過與不及。」

《風水妙趣》

13. 全程行運下站升職

廣東人稱為「揮春」的春貼，經新生代的推波助瀾，在香港綻放前所未見的異彩，不僅形狀、大小和顏色呈現多樣化，字句更是呼應社會時代脈搏，進而融匯港式口語和圖像，還夾雜英文。

港九街頭所見，不少中小學生新春期間都在書包或背囊外繫上一片塑膠小揮春，憑此寄意。細心察看，語句五花八門：「Exit 入平安」、「你慳 D 啦！」、「我想中狀元」⋯⋯不一而足，觀者眼目清涼，會心微笑。

香港地鐵多年前推出一套令人賞心悅目的新潮揮春，新春期間在車廂和所有路線的沿線各站張貼，字句吉利而具創意。其中的「全程有運行」和「下一站升職」，乘客每天觀賞之餘，心曠神怡，可謂皆大歡喜。

傳統的古老揮春現已漸趨式微。以數目字開首由一至九的九款新春吉語，如今恐怕已經沒有多少人家循例全數張貼了。

依據古人的風水理論，若以這九款新春吉語配置河圖洛書顯示的方位五行，宜按照如下方位張貼，方能產生催吉生旺的風水效應：「一本萬利」—東、東南；「二龍生輝」—西、西北；「三陽啟泰」—南；「四季平安」—南；「五穀豐登」—西、西北；「六畜興旺」—北；「七星拱照」—北；「八方來財」—西、西北；「九世亨昌」—東北、西南。

《風水妙趣》

　　上面所述的河圖洛書，是古代傳說中兩種天賜的神圖，各由平面上方位不同、數目不等的點構成。古代風水家深信，點的分佈及其數目均暗喻奧秘的天理。古代聖人由此得悟，才作出流傳千古的不朽名著《易經》和《尚書‧洪範》。

《易經》群經之首

　　儒家尊為群經之首的《易經》，是中國最古老的文獻之一。《易經》又與《黃帝內經》和《山海經》合稱上古三大奇書。《易經》是以陰陽兩種元素描述世間萬物的變化，以符號系統描述狀態的變易，表現了中國古典文化的哲學和宇宙觀。

　　廣義的《易》包括《易經》和《易傳》。《易經》分為《上經》三十卦，《下經》三十四卦。由於《易經》成書很早，內容在春秋戰國時已很難理解，因此春秋戰國時代的人撰寫了《易傳》，解讀《易經》。

　　《易經》雖然是早期的占卜書籍，但影響遍及哲學、醫學、天文、地理、音樂、藝術和軍事等等各個領域；十七世紀初期，傳至西方。

《風水妙趣》

14. 歷代建築風水留痕

　　風水這門古老學說，可說是自然律的反映，不僅深受儒、釋、道的影響，而且凝聚了心理、地質、水文、景觀、哲學、美學和傳統建築學的智慧，蘊藏歷代中國人對天地人的信念和認知。

　　這種傳統智慧，還兼具順天應人的課題，是中華傳統文化的自然產物。長期以來，先賢憑藉風水理論，在選址建宅時得以俯於山水之懷，倚於山趾，與自然合而為一。

　　中華大地上，千百年來，在建築的選址、規劃、設計和營造等各個領域，風水的實踐幾乎無所不在，不斷有人套用風水術改善宅舍環境，力求天人合一。他們深信，人居的陽宅應以脈氣為本，砂水為用，氣局兩全才算吉氣充盈的福地；倘若宅地藏風、得水、聚氣，風水上佳，人居其中便可達致家宅平安、家運昌隆。

　　歷代的宮殿、廟堂或富貴人家的大宅，無不嚴格恪守風水規範。清代的皇陵尤其重視風水中的對稱美和大小相間的縱橫組合，每一座皇陵中間都有一條與地球經線平衡的中軸線。中軸線的頂端是橫行的山脈，構成丁字形，兩旁是成對的建築物，互相呼應。橫向建築的前後又有縱向建築，錯落有致，起伏相襯。時至今天，在中港台和星馬等地，大量現代化建築工程仍可清晰窺見風水留痕。

　　十九世紀初期，來華傳教的外籍教士率先把風水概念引入西

《風水妙趣》

方,外文風水著作相繼面世。西方讀者其後又從英國科學家李約瑟巨著《中國科學與文明》揭示的中國科學成就中,飽覽風水催化的科學碩果,更由此引發歐美社會對風水學說產生濃厚興趣。

馳譽世界的美籍華裔建築大師貝聿銘,在完成香港中銀總行大廈的設計工程之後,曾對記者說:「我不懂風水,但我深信風水有其道理。」現代的西方,正有越來越多的建築師迷醉於風水的奧妙,在建築設計和城市規劃上滲入風水元素。

凝聚美學智慧

風水凝聚了人類的各種智慧,美學是其中之一。風中講究曲線美,認為曲才算上佳風水,才有深刻的內涵,「曲徑通幽處」,因此山要曲,水要曲,路要曲,橋和廊都要曲。

古時風水家相地時特別強調地形四美:一美羅城(四周砂水)周密,鎖納真氣;二美砂水內朝,環抱穴地;三美明堂寬敞,可立都市。四美林木茂盛,一團和氣。

《風水妙趣》

附錄一

名字伴終身 起取須謹慎
是否犯忌且聽道來

雅零

　　名字是一個人的符號,一經起取,不僅長伴終身,還傳諸後代。古人以名字表德,認為名正則言順,名善則榮,名惡則辱,為自己或子女起名,十分謹慎,以免遺患深遠,因此粵諺有謂「不怕生壞命,最怕起錯名」。

　　古代的人,名之外還有字、號、謚,分野很清楚。現代人一般只是起名,不再表字取號。這裡且談談起名的一些基本原則。

小滛蟲與將破財

　　(一)名字的筆劃須繁簡恰當,宜少用例如豔、鬱、贛等筆畫太多的字。人在一生之中書寫自己的名字何只千次萬次,倘若字畫繁多,書寫費時,於己於人均皆不便,而且小孩子初學時也不易掌握。

　　(二)名字忌俗氣粗鄙,但也不宜為求典雅或與眾不同而刻意取用類似昰(音夏)、芃(音朋)、忒(音剔)等生僻字為名。

《風水妙趣》

從心理角度而言，倘若別人認定你的名字生僻，念不出來，很容易便滋生抗拒心態，不想跟你交往。有專家作過統計，採用生僻字為名的人，八成個性孤獨，人際關係較差。

（三）姓名的諧音有時會造成貶義，成為別人的笑柄，故起名時須特別注意。類似「蕭蔭松」（小淫蟲）、「張波才」（將破財）、「李簡澄」（利奸情）一類的名字容易招人取笑，宜避免採用。

（四）姓與名的字形應配搭得宜，力求平衡，不宜全用偏旁字，尤其是同一偏旁的字（例如「林根材」、「陳隆陽」），也不宜全用上下兩截或者三截的字（例如「霍霏雯」、「曾普善」）。這不僅缺乏變化，欠缺平穩，而且整個組合也不美觀。

小娃七、八十歲

（五）名字配帶終身，隨年齡增長而更換名字者可謂絕無僅有。因此「小」、「少」、「童」一類帶有強烈時限的字也不宜入名。新生女嬰或可取名「小娃」，步入中年後這名字就不大相稱了；到了雞皮鶴髮的七、八十歲，老嫗名喚「小娃」，旁人難免另眼相看。

（六）起名時還應盡量選用讀音鏗鏘和諧的字，要避免姓和名的聲母或韻母相同，否則發音不順口，令人產生難聽的感覺。

（七）此外，姓和名的平仄變化也不可忽視。三個字都是平

《風水妙趣》

聲，就會流於單調；若然都是仄聲，讀起來又顯得低沉，宜平仄有序。

（八）名字須能體現男女性別，方便別人見名知性，切忌男取女名，或者女取男名，中性名字也不宜採用，以免在社交場合雌雄莫辨，引起不必要尷尬。

（九）除了字形、字音和字義，有些人還要求所起的名字配合生辰八字、五行、陰陽、生肖、易經卦象和筆畫吉數。

28畫與38畫屬大凶

台灣有人匯集多年來報上刊載的凶案受害人和惡徒慣匪的姓名，經分析發現，大多數名字均屬「災厄類」，若非五行相剋或陰陽失調，便是不配生辰八字，又或總格大凶。

據姓名學理論，出生的年月日時（即四柱八字）倘若五行欠水，便在名字中以水補充，欠金補金，餘此類推，再兼顧生辰八字和各個字的陰陽一併構思。

名字的筆畫總數原來也關乎吉凶，例如一般人想像中以為「好意頭」的28（易發）畫和38（生發）畫，竟屬大凶，有「刑偶傷子、身弱多病」的險兆。

名字猶如人的外在包裝，外觀堂煌典雅、賞心悅目，總勝於粗劣鄙猥、望之生厭。

（原載加拿大《華僑時報》）

《風水妙趣》

附錄二

風水宜忌 100 式

雅零

中國傳統風水術既重視陰宅（墳墓）的尋龍、察砂、觀水、點穴，也注重陽宅（房屋）的相地、乘氣、定向、佈局。內局力求兼顧「三要」與「六事」，外局則確保脫離「玄武藏頭、青龍無足、白虎銜人、朱雀悲泣」的四危凶象。

吉凶的判斷涉及卦象、五行、地運、坐向、巒頭和理氣，需憑藉風水羅盤施行較複雜的推算，非三言兩語所能清楚闡釋。

以下僅就陽宅可見的內外形，綜合歷代風水古籍（參考書目列後）的理論，去蕪存菁，舉列基本宜忌 100 式，以供置業、安居的參考。

宅地・宅形・外局

1. 房屋以四平八穩為吉，忌缺角。
2. 宅地宜藏風聚氣，風大不宜。
3. 宅地前低後高，古稱「晉土」，主吉。
4. 三角形宅地，形似火嘴沖射，主凶。
5. 宅地勿低於宅前道路。

《風水妙趣》

6. 住宅忌毗鄰殯儀館、墳場、醫院、警局、教堂、廟宇、電廠。
7. 宅舍忌密林環繞。
8. 房屋不宜建築在陡峭的山坡上。
9. 住宅宜背山面水，山環水抱。
10. 前水忌湍急直沖，後山忌傾垂或光禿嶙峋。
11. 宅舍不宜位於掘頭路盡頭。
12. 房屋忌修建在丁字路口。
13. 房屋忌處眾高獨矮（四困格）或眾矮獨高（孤露格）的狀態。
14. 房屋建在枯井或水溝上主凶；建於街道角位不吉。
15. 宅舍位於弧形道路或河流的外弧位，主凶。在內弦位則屬吉（玉帶環腰格）。
16. 房屋的正南方突出一角，古稱「龜頭午」，主凶。
17. 房舍勿過份暴露。前院宜種植適量常綠花木作掩護。
18. 宅前明堂宜寬闊、平坦、開揚。
19. 宅舍面向斷崖峭壁主凶。
20. 宅前忌堆砌亂石。
21. 宅前水池呈半圓形，弧在外，弦在內，主吉。
22. 宅前池塘尖角面向家門，不吉。
23. 宅前忌對破屋、枯樹、惡水。
24. 忌對「沖門橋」。

25. 宅前宅後忌諱屋脊或屋角直沖。
26. 前院忌種植桃杏或楊柳。
27. 大門勿正對高大的樹木、燈柱或電力塔。
28. 兩戶人家的大門不宜相對。
29. 大門忌街道直沖（利箭傷胸），主大凶。
30. 大門不宜面對兩幢建築物形成的狹隙（天斬煞）。
31. 宅後忌開方塘。
32. 宅後不宜加建小屋。
33. 站在宅內向外望，左鄰的房屋宜高於右鄰的一幢。
34. 右方忌山，倘若山勢蹲踞昂頭，主凶。
35. 宅舍右旁建水池，古稱「白虎張口」，不吉。
36. 左方的山宜平緩拱抱，忌高踞斜出形成「青龍嫉主」格局。
37. 宅旁屋後尤其是東北方，忌種植太多大樹。

門窗・樓梯・走廊

38. 宅內同一層面忌建高低級。
39. 單層式 (Single-Level) 結構較之錯層式 (Split-Level) 為佳。
40. 站在宅內向外望，車房宜在房屋的左方（青龍方）。
41. 宅內各處地方，宜明忌暗。
42. 天花板宜高忌低，宜採用白色或較淺顏色。
43. 宅內時鐘宜朝外，忌向內。
44. 同一直線上忌三門穿通。

《風水妙趣》

45. 前門宜採用堅固材料製成，玻璃不宜。
46. 大門宜朝內開啟。
47. 大門入口忌梯相向，尤其忌向下樓梯。
48. 前門忌採用圓拱形。
49. 大門入口處不宜面對廁所或後窗。
50. 宅大而門小，或宅小而門大，均屬不吉。
51. 前門宜大於後門。
52. 前後門忌設於同一直線上，形成沖射格局。
53. 房門不宜互相對沖。
54. 天窗特大招致陽氣過盛，不吉。
55. 窗多則氣洩，主凶。
56. 窗與門數量的比例勿逾三比一。
57. 窗的高度不宜低於門。
58. 螺旋形樓梯不吉。
59. 宅內梯級單數吉，雙數凶。
60. 走廊忌設房屋中線位置，形成分水界不吉。
61. 宅內宜避免長廊造成直箭煞。

廳堂・臥室・睡床

62. 廳中財位忌水、忌污、忌壓、忌動、宜栽種大葉長青植物。
63. 廳房顏色宜配合宅中人五行。
64. 飯廳與客廳宜在同一層面上，飯廳勿低於客廳。

《風水妙趣》

65. 飯桌宜採用圓形或橢圓形，忌尖角。
66. 宅內神像宜朝向大門。觀音像忌三向：一忌向廁所，二忌向房門，三忌向飯桌。
67. 安奉神像時，忌面對當年太歲方向。
68. 神像之下勿放置金魚缸。
69. 臥室內勿供奉神像。
70. 臥室門忌尖角對沖，忌神像相對。
71. 兩間臥室的門不宜相對。
72. 臥室內不宜栽種太多植物。
73. 臥室宜呈正方形或長方形；多角形不吉。
74. 臥室的窗戶忌圓形或多角形。
75. 臥室忌見窗外煙囪。
76. 臥室不宜放置發出聲響的器物。
77. 臥室門正對的位置勿放置化妝桌。
78. 臥室可放圓鏡，但不宜安放於正對床尾的位置。
79. 睡床不宜安置於橫樑之下；更不宜安置於樓梯下或傾斜的屋頂下。
80. 睡床宜採用木質，忌金屬。
81. 圓床不吉。
82. 床頭宜緊貼牆壁，忌靠近窗戶。
83. 床頭、床尾和房門忌成一直線。
84. 床下勿堆放雜物。

《風水妙趣》

85. 小孩房間忌用雙層床。

廚廁・爐灶・浴室

86. 廚廁、浴室和樓梯設於住宅中央位置不吉。
87. 廚房門不宜正對大門或臥室門。
88. 廚房門忌正對廁所；廁門宜常關。
89. 廚房尤其是爐灶對上的一層同一位置，忌設廁所。
90. 爐灶位不宜貼近臥室睡床。
91. 爐灶正對廚房門和大門，主凶。
92. 爐灶宜靠牆，背後忌空曠無依。
93. 爐灶忌背宅反向。
94. 屬火的爐灶不宜夾在兩個水位之間。
95. 爐灶忌橫樑壓頂。
96. 爐灶忌斜陽照射。
97. 廁所和浴室忌設長廊盡頭，忌與大門相對。
98. 浴廁不宜改建為臥室。
99. 屬水的浴廁不宜設於宅內屬火的正南方。
100. 樓上廁所忌壓樓下大門。

《風水妙趣》

參考風水古籍書目：

1. 《黃帝宅經》
2. 《陰陽二宅歌》
3. 《陽宅十書》
4. 《宅譜修方》
5. 《陽宅大成》
6. 《宅舍秘笈》
7. 《周易相宅新編》
8. 《陽宅辟謬》
9. 《真傳秘訣》
10. 《陽宅吾說篇》
11. 《陽宅撮要》
12. 《風水心鏡》

（原載加拿大《現代日報》）

www.ingramcontent.com/pod-product-compliance
Lightning Source LLC
Chambersburg PA
CBHW071224080526
44587CB00013BA/1492